人物叢書

新装版

源頼信《みなもとのよりのぶ》

寺内　浩

日本歴史学会編集

吉川弘文館

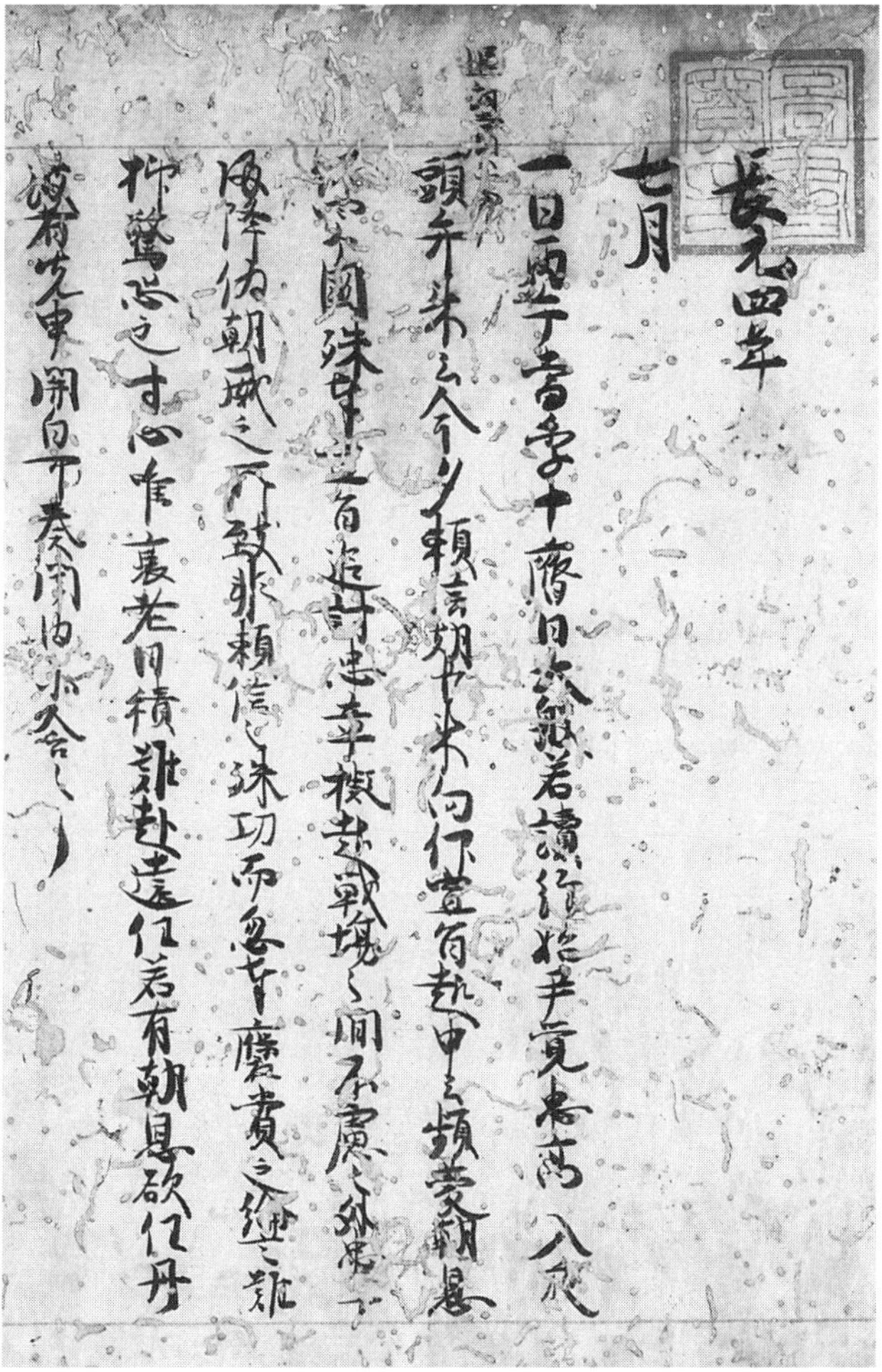

伏見宮本『小右記』（宮内庁書陵部所蔵）
掲出したのは、長元四年（一〇三一）七月一日条。これまで頼信が四ヵ国の受領になったこと、平忠常が降伏してきたこと、褒賞として丹波守を望むことなどが記されている。本文一二三頁参照。

源頼信の墓（大阪府南河内郡太子町）

頼信の墓のすぐ北側に義家の墓，北西の通法寺跡に頼義の墓があり，これらをあわせて源氏三代の墓という．本文 137 頁参照．

はしがき

源《みなもとの》頼信《よりのぶ》は長元《ちょうげん》元年（一〇二八）に東国で起きた平忠常《たいらのただつね》の乱を平定した人物として有名である。また、頼信の系統からは、前九年合戦《ぜんくねんかっせん》・後三年合戦《ごさんねんかっせん》を戦った頼義《よりよし》と義家《よしいえ》、そして鎌倉幕府を開いた頼朝《よりとも》が出ている。このように頼信は歴史的に重要な人物なのだが、忠常の乱関係以外は研究が少なく、彼がどのような一生を送ったのかはあまりわかっていない。

本書はこの頼信の生涯を前後の世代を含めて明らかにしようとするものである。

第一と第二では、祖父の経基《つねもと》と父の満仲《みつなか》について述べる。頼信が若い時から活躍できたのは、経基が一家の基礎を築き、満仲がそれを発展させた結果にほかならないからである。経基については、「源頼信告文《こうもん》」をとりあげ、清和《せいわ》源氏か陽成《ようぜい》源氏かという問題にも触れたい。

第三では、頼信の生年はいつか、母はだれか、そして乳母《めのと》とその一族について考える。

頼信の生年と母は、史料により大きく異なるので、検討を加えていきたい。

第四では、長徳《ちょうとく》の変までの頼信をとりあげる。このころの頼信は藤原道兼《みちかね》の家人《けにん》（従者）であった。また、武的な活動が多くみられ、藤原伊周《これちか》との間で闘乱事件を起こしたり、兄の頼親《よりちか》とともに大索《おおあなぐり》（大規模な盗賊捜索）に召し出されたりしている。

第五では、受領《ずりよう》時代の頼信について述べる。頼信は三十歳の時に上野国《こうずけのくに》の受領になる。その後、常陸《ひたち》国、伊勢《いせ》国の受領となるが、伊勢国受領の任期を終えた時、頼信は五十八歳になっていた。つまり、三十代から五十代の三十年間は頼信にとって受領の時代であった。このころの頼信に関する史料は少ないが、周辺の史料と結びつけながら頼信の動きを可能な限り追っていきたい。

第六と第七では、平忠常の乱の開始から終結までをみていく。忠常の乱が起きた時、公卿たちが追討使に推薦したのは頼信だったが、関白《かんぱく》藤原頼通《よりみち》は平直方《なおかた》と中原成通《なりみち》を追討使とした。しかし、直方らは追討に失敗し、甲斐守《かいのかみ》となっていた頼信が追討使に任じられた。すると、忠常が甲斐国に来て降伏を申し出た。頼信は軍兵を動かすことなく乱を鎮めることに成功したのである。頼信は忠常を従えて京に向かったが、忠常は途中の美濃《みの》国で死去する。
平忠常の乱には不可解な点が多い。公卿たちが推した頼信ではなく直方らが追討使にな
ったこと、頼信が追討使になると忠常が降伏に応じたこと、上京を目前にして忠常が死去
したことなどである。これらの点については、すでに多くの議論がなされているので、そ
れらを踏まえながら検討を加えていくことにしたい。
第八では、忠常の乱以降の頼信についてみていく。兄の頼光《よりみつ》、頼親の系統を摂津《せっつ》源氏、
大和《やまと》源氏というのに対し、頼信の系統を河内《かわち》源氏という。それは最晩年に河内守となった
頼信が河内国に拠点を築いたからである。こうしたことから頼信は河内源氏の祖とされる。
ここでは頼信が河内守となった経緯、その任期、そして坂戸《さかと》源氏について考えていきたい。
第九では、頼信の妻子をとりあげる。頼信の子が頼義と頼清《よりきよ》である。頼義は前九年合戦
を戦った著名な武人である。一方、頼清は摂関家の家司《けいし》（摂関家の事務をつかさどる職員）にな
るなど一般貴族とかかわるところはなかった。対照的な二人の生涯を中心に頼信の妻子につ
いてみていきたい。
第十では、頼光、頼親とその妻子をとりあげる。長兄の頼光は権力者である道長《みちなが》に親し

く仕え、富裕な国の受領を歴任する一方、道長に対して盛んに経済的奉仕を行った。次兄の頼親も道長に仕えたが、頼光と異なり、武的行動が多くみられる。頼光と頼親の事績を追いつつ、頼信との比較を行いたい。

第十一では、頼信をはじめとする摂関期の武人の特徴について考える。系譜上のつながりがあるため、摂関期の武人は院政期の武士と連続的にとらえられがちだが、私的武力の使用が限定的である、一般貴族との区別がないなどの点において、摂関期の武人と院政期の武士との違いは大きいことなどを述べていきたい。

なお、軍事・武芸に秀でた者の史料上の表記は、九世紀は「武芸の人」「武芸の士」、摂関期は「武者」、院政期は「武士」が多いが、本書ではそうした者を摂関期までは武人、院政期以降は武士と呼ぶことにする。

二〇二四年十二月

寺内　浩

目次

口絵

挿図

挿表

第一　祖父源経基

一　清和天皇と貞純親王

経基の祖父清和天皇

清和《せいわ》天皇は嘉祥《かしょう》三年（八五〇）三月に生まれた。父は文徳《もんとく》天皇、母は藤原良房《よしふさ》の娘明子《めいし》である。清和天皇は文徳天皇の第四皇子だったが、同年十一月に生後わずか八ヵ月で皇太子となった。文徳天皇は第一皇子である惟喬《これたか》親王の立太子《りったいし》を望んでいた。しかし、右大臣で伯父（母の順子《じゅんし》は良房の妹）でもあった良房の意向に従わざるをえなかったのである。

天安《てんあん》二年（八五八）、文徳天皇が亡くなり、清和天皇が即位した。この時清和天皇はまだ九歳だったので、外祖父の良房が政治をみることになった。貞観《じょうがん》八年（八六六）、応天門《おうてんもん》の変《へん》が起こり、これを契機に良房は人臣初の摂政《せっしょう》となった。同十四年に良房が六十九歳で亡くなると、甥で養子の右大臣基経《もとつね》が政権を引き継いだ。同十八年、清和天皇は第一皇子の陽成《ようぜい》天皇に譲位し、元慶《がんぎょう》三年（八七九）に出家、翌年三十一歳で死去した。

経基の父貞純親王の生没年

貞純《さだずみ》親王は清和天皇の第六皇子で、母は神祇伯棟貞王《じんぎはくむねさだおう》の娘である。貞観十五年に親王となり、上総・常陸などの国司を経て中務卿《なかつかさきよう》・兵部卿《ひようぶきよう》に任じられ、延喜《えんぎ》十六年（九一六）に亡くなる。生年は不明だが、兄の貞保《さだやす》親王が貞観十二年生まれなので、貞純親王が生まれたのは貞観十二年〜同十五年、享年は四十四〜四十七となろう。なお、貞純親王の享年を『尊卑分脈《そんぴぶんみやく》』は六十四、『日本紀略《にほんきりやく》』は三十二とする。しかし、前者だと貞純親王の生年は仁寿《にんじゅ》三年（八五三）となり、この時清和天皇はまだ四歳である。後者だと生年は仁和《にんな》元年（八八五）で、貞観十五年の親王宣下《しんのうせんげ》よりあとに生まれたことになる。したがって、貞純親王の享年についてはどちらの史料も誤りとせざるをえない。

桃園第

貞純親王は桃園《ももぞの》に住んでいたことから桃園親王と呼ばれた。桃園は一条大宮の北、大《だい》内裏《だいり》の東北部付近の呼称で、かつて園池司《えんちし》が管理する桃の木を植えた果樹園があったらしい。ここには平安時代初期から貴族の邸宅が設けられ、貞純親王以降も宇多《うだ》天皇皇子の敦固《あつもと》親王、源高明《たかあきら》、藤原師輔《もろすけ》、藤原伊尹《これまさ》、藤原行成《ゆきなり》などが邸宅を構え、行成がその桃園第を世尊寺《せそんじ》としたことはよく知られている。なお、貞純親王は人々の夢に一条大宮の桃園池で竜となって現れたと『尊卑分脈』に記されている。

二　経基の生い立ち

経基の生年

源経基《つねもと》は貞純親王の長子で、弟に経生《つねなり》がいる。経基の生年や没年はよくわからない。『尊卑分脈』では没年を応和《おうわ》元年（九六一）、享年を四十五あるいは四十一とする。前者だと生年は延喜十七年、後者だと延喜二十一年となる。しかし、父の貞純親王が生まれたのは貞観十二年～同十五年なので、貞純親王が四十五歳～五十二歳の時に経基が生まれたことになる。したがって、経基の生年が延喜十七年～同二十一年というのは遅すぎる。また、後述するように、子の満仲《みつなか》は永延《えいえん》元年（九八七）に出家した時に六十歳を超えており、延長《えんちょう》五年（九二七）より前に生まれていたと考えられるので、この点からも経基の生年を延喜十七年～同二十一年とするのは難しい。つまり、『尊卑分脈』にみえる経基の没年と享年をそのまま信用することはできないのである。

あくまで一般論だが、当時は父親が二十歳から二十五歳のころに長子が生まれることが多い。したがって、貞純親王の生年が貞観十二年～同十五年とすると、経基が生まれたのは寛平《かんぴょう》元年（八八九）～同九年ころではないだろうか。この生年であれば、子の満仲が延長五年以前の生まれであっても問題はない。

経基の没年

没年については、天徳四年の平将門《まさかど》の子の入京事件が参考となる。これは将門の子が入京したとの噂が流れたため、検非違使《けびいし》だけでなく源満仲・大蔵春実《おおくらのはるざね》などにも捜索させたというものである。満仲や春実が動員されたのは、天慶《てんぎょう》の乱（平将門・藤原純友《すみとも》の乱）平定の関係者だったからであろう。とすると、経基がもし健在だったならば当然招集されたはずだが、名前がみえないのは、この時にはすでに亡くなっていた、あるいは招集に応じられない状態だったためと思われる。したがって、経基の没年は天徳四年以前、あるいは天徳四年をさほど下らない時期とすることができるのではないだろうか。

源氏賜姓

〔清和天皇と子・孫〕（『尊卑分脈』による、女性は除く。＊『本朝皇胤紹運録』では「経主」）

- 清和天皇
  - 陽成天皇
  - 貞固親王
    - 源国淵（従四位上）
  - 貞元親王
    - 源兼忠（正四位下）
    - 源兼信（従五位下）
  - 貞平親王
  - 貞保親王
    - 国忠（従五位下）

経基が初めて史料にみえるのは、『貞信公《ていしんこう》記《き》』天慶二年（九三九）三月三日条である。武蔵介《むさしのすけ》の経基が上京して平将門らの謀反を告発するのだが、そこには源経基とあり、これより以前に源姓となっていたことがわかる。

翌年正月九日、謀反告発の功績により、経基

（前頁より）国珍（従四位下）、基淵
- 貞純親王
  - 経基王（正四位上）
  - 経生（従五位上）＊
- 貞辰親王
- 貞数親王
  - 源為善（従四位下）
- 貞真親王
  - 源蕃基（従五位下）
  - 源蕃平（従五位下）
  - 源蕃固（従五位下）
  - 源元亮（従五位下）
- 貞頼親王
- 源長淵
- 源長猷
  - 嘉樹（正五位下）
  - 嘉生（従五位上）
  - 嘉実（従五位上）
- 源長鑑
- 源長頼
  - 有忠（従五位下）

は従五位下《じゅごいのげ》に叙される。したがって、それまで経基は六位だったことになる。このことは、経基の人名表記が源経基から源朝臣《あそん》経基に変わったことからもわかる。当時の史料は五位以上の者には朝臣の姓をつけるのが一般的で、従五位下になったあとの『本朝世紀《ほんちょうせいき》』天慶四年十一月二十九日条には「源朝臣経基」とある。一方、従五位下になる前の同天慶二年六月七日条は、当時従五位上だった源俊《すぐる》を「源朝臣俊」とするのに対し、経基は「源経基」であり、まだ五位になっていなかったことが示されている。

遅い昇進

経基の生年が寛平元年～同九年ころとすると、この時の経基は四十歳を超えていたことになる。『尊卑分脈』によると、清和天皇の孫世代は、四位が五人、五位が十一人いるが、公卿《くぎょう》は五十四歳でようやく参議になった源兼忠《かねただ》だけなので、政治的にはあまり恵まれていなかったようである。ただそれでも、四十代で六位の武蔵介というのは、孫世代の中でも昇進が遅かった方であろう。あるいは、父の貞純親王が延喜十六年に亡くなったことが関係しているのかもしれないが、天慶以前の経基の動向を示す史料は残っていないので詳しいことはわからない。

経基の妻

『尊卑分脈』は経基の妻を橘繁古《しげふる》の娘、あるいは藤原敏有《としあり》の娘とするが、『尊卑分脈』や当時の史料には橘繁古、藤原敏有はみえない。おそらくは、身分の低い者だったのだろう。父の貞純親王の妻が右大臣源能有《よしあり》の娘、子の満仲の妻が従四位上《じゅしいのじょう》源俊の娘、および従四位下藤原致忠《むねただ》の娘だったのとは対照的である。こうしたことも、経基の不遇の時代が長かったことを示している。

三　天慶の乱

謀反告発

平将門の乱において、経基は将門と興世王《おきよおう》の謀反を告発するという重要な役回りを演じている。『将門記《しょうもんき》』によると、告発までの経緯は以下の通りである。

武蔵国で権守興世王・介源経基と足立郡司武蔵武芝《むさしたけしば》とが対立し、興世王と経基は比企《ひき》郡狭服山《さやきのやま》に籠もってしまった。これを聞いた将門は、両者の争いを収めるため武芝とともに武蔵国府に赴き、国府に戻った興世王と武芝を和睦させた。ところが、武芝の兵が山に残った経基の陣を理由もなく囲んだため、経基の兵たちは驚き騒いで逃げ散ってしまった。このことが国府に伝えられ、将門は双方の和解がならなかったので下総《しもうさ》国に帰り、興世王は国府に留まった。経基は、将門と興世王が自分を討とうとしているのではないかと疑い、怨みを持って京都に上った。そして、復讐のため虚言をもって将門と興世王が謀反を企てていると訴えた。

このように、『将門記』は経基の謀反告発を復讐のための虚言とするが、それが事実かどうかはわからない。ただ、政府は経基の告発をまったくの虚偽とはみなさなかった。告発を受けて、政府は寺社で祈禱をしたり、衛府《えふ》に命じて京内の警備を強化したりしているからである。

「兵の道に練れず」

なお、『将門記』は、武蔵武芝の兵が経基の陣を囲んだ際、経基の兵たちが逃げ散ったことについて、「介経基は未だ兵《つわもの》の道に練《ね》れず」、すなわち経基は兵として未熟としている。しかし後年、藤原純友の乱の際に、追捕《ついぶ》山陽南海両道凶賊使《きょうぞくし》の次官に抜擢され、かつ豊後《ぶんご》国で純友の残党と合戦をしているので、実際にはかなりの武人であった。武芝に不意を突かれて経基が逃散したことをもって、『将門記』は「未だ兵の道に練れず」としたのかもしれないが、言葉通りに受け取る必要はないであろう。

家司の派遣

天慶二年三月になされた経基の謀反告発を受けて、政府は寺社での祈禱や京の警備強化を行ったが、摂政藤原忠平《ただひら》は告発を正式に受理せず、謀反が本当か否かを問う文書を家司《けいし》の多治助縄《たじひのすけただ》を使として将門のもとに送る。これは将門が忠平のことを「私の君」(『将門記』)としているように、かつて将門は忠平に仕えていたからである。つまり、忠平は将門との個人的関係を利用して、告発が真実か否かを確認するとともに、できれば穏便に事を済ませたいとの意図があったものと思われる。

推問使の派遣

しかし、六月になると謀反告発が受理され、将門を取り調べるための使、すなわち推《すい》問使《もんし》が武蔵国に遣わされることになった。できれば内々に解決を図ろうとしていた忠平の意図に反して告発がとりあげられたのは、東国の治安状況が悪化したためである。天慶元年五月に武蔵国とその隣国に橘近保《ちかやす》の追捕、十一月には駿河《するが》・伊豆《いず》・甲斐・相模《さがみ》国に将門の弟である平将武《まさたけ》の追捕が命じられた。そして、天慶二年五月には、橘最茂《よしもち》を相模権介に、小野諸興《もろおき》を武蔵権介に、藤原惟条《これえだ》を上野権介《ごんのすけ》に任じるとともに、六月には各国の押領使《おうりようし》とし、群盗追捕を行わせた。このように、群盗活動が激しくなっただけでなく、将門の弟将武がそれに関係していたため、政府は謀反告発を受理せざるをえなかったのである。

六月九日、経基が左衛門府《さえもんふ》に禁固された。獄令《ごくりよう》の規定では、謀反告発がとりあげられると、告発者が拘禁されることになっているので、それにしたがった措置である。

推問使の長官は右衛門権佐《うえもんごんのすけ》源俊であった。しかし、この推問使はなかなか出発しようとしなかった。将門の威勢を恐れたためであろう。十一月には出発が遅れていることで叱責され、十二月になってようやく出発することになったが、結局都を出ることはなかった。

征東副将軍となる

天慶二年十一月、将門の乱が始まる。将門は常陸国府を襲って介藤原維幾《これちか》を捕らえ、その後下野《しもつけ》国、上野国に兵を進めて受領《ずりよう》を追放する。そして、年末には坂東《ばんどう》諸国を手中に収めた。

天慶三年正月九日、将門の謀反を告発した経基が従五位下に叙され、任務を果たさなかった推問使長官源俊らの官位が剝奪された。

正月十八日、政府は藤原忠文《ただふみ》を征東大将軍《せいとうだいしようぐん》に任じた。経基は藤原忠舒《ただのぶ》・藤原国幹《くにもと》・

藤原純友の乱

将門塚（東京大手町にある将門の首塚）

平清基《きよもと》・源就国《なりくに》とともに副将軍となった。しかし、政府軍が東国に到着する前の二月十四日に、将門が藤原秀郷《ひでさと》・平貞盛《さだもり》に討ち取られたため、政府軍は将門に味方していた者たちの追討を行っただけであった。その際の経基の動向は不明だが、活躍する場面はあまりなかったのではないだろうか。

将門の乱は短期間であっけなく終わったが、半年後の八月に藤原純友が反乱に立ち上がる。純友は伊予《いよ》・讃岐《さぬき》国府を襲い、備《び》前《ぜん》・備後《びんご》の兵船百余艘《そう》を焼いた。純友を討つため、政府は小野好古《よしふる》を追捕山陽南海両道凶賊使に改めて任じた。次官《すけ》は源経基、判官《じょう》は右衛門尉藤原慶幸《よしゆき》、主典《さかん》は左衛門《さえもん》の志《さかん》大蔵春実であった。しばらくは純友の攻勢が続き、大宰府追捕使《ついぶし》左衛門尉在原相安《ありわらのすけやす》の軍勢を破り、さらには周防《すおう》国の鋳銭司《ちゅうせんし》を焼いた。しかし、その年の年末になると攻守が逆転し、政府軍は次第に純友を追い詰めていったが、やがてその行方を見失ってしまった。

天慶四年五月、純友は突然大宰府を襲い、大宰府政庁を焼亡させた。だが、純友はその後行われた博多津《はかたつ》の戦いで政府軍に完敗する。この博多津の戦いの様子は『純友追討記《すみともついとうき》』にリアルに描かれているが、活躍するのは藤原慶幸と大蔵春実で、経基の姿はそこにはみえない。

佐伯院の合戦

経基が登場するのは、純友とともに大宰府を襲った九州の海賊の追討戦である。博多津の戦いで敗れた純友勢は四散し、それぞれの本拠地に戻ることしかできなかった。純友は六月二十日に伊予国で警固使《けいごし》橘遠保《とおやす》によって討ち取られた。

『本朝世紀』天慶四年十一月二十九日条によると、九州の海賊の首領である佐伯是本《さえきのこれもと》は、八月十七日に日向《ひゅうが》国を襲って政府軍と合戦となり、敗れた是本は捕らえられる。海賊のもう一人の首領桑原生行《くわばらのなりゆき》は、九月六日に豊後国海部《あま》郡佐伯院《さえきいん》を襲うが、そこで待ちかまえていたのが経基である。経基と生行の合戦は午後四時~六時ころに行われ、経基が勝利し、生行を生け捕りにしたが、合戦で負った疵《きず》のため生行は八日に死去した。

捕獲された是本と生行の首は、十一月二十九日に都に到着し、是本の身柄は検非違使によって左獄所《さごくしょ》に下された。

生行の首を大宰府に送った際、経基は是本と生行の首を自ら京に持ち帰ることを強く求めた。政府に自己の功績をアピールするためであろう。天慶の乱における目立った戦功はこの佐伯院の合戦しかなかったため、経基はこうした要求をしたのではないだろうか。

大宰権少弐となる

『本朝世紀』は、この時の経基を「追討凶賊使権少弐《ごんのしょうに》」、すなわち大宰権少弐としている。博多津の合戦以降、各地に散った純友および純友配下の海賊の追討が進められるが、追捕山陽南海両道凶賊使次官であった経基は九州方面を担当することになり、そのため大宰権少弐に任じられたのであろう。

佐伯院で桑原生行を討ったことにより、経基に褒賞が与えられたのか否か、与えられたのであればいかなるものであったかは残念ながらわからない。

大船来航を報告

次に経基が史料にみえるのは、『貞信公記』天慶九年十一月二十一日条である。そこには、大宰大弐小野好古が関白藤原忠平のところにきて、「大船二艘が対馬島にやってきたが、どの国の船かはわからない」という大宰少弐経基からの報告書を見せたとある。

大宰府復元模型（藤原純友乱後の姿．九州歴史資料館提供）

したがって、この時経基が大宰少弐として現地にいたことがわかる。経基は天慶四年に大宰権少弐だったので、そのまま大宰少弐となったのかもしれない。あるいは、いったん都に戻り、しばらくしてから大宰少弐に任じられたとも考えられる。

貿易と警備

九世紀後半〜十世紀の東アジアは激動の時代であった。中国では、九〇七年に唐が滅び、九六〇年に宋が成立するまで、五代十国の混乱の時代が続いた。中国東北部では、九〇七年に遼《りょう》が建国され、九二六年には渤海《ぼっかい》が滅んでその地に東丹《とうたん》国が建てられた。朝鮮半島では、九三五年に新羅《しらぎ》が滅んで高麗《こうらい》が半島を統一する。寛平四年、同五年に新羅海賊が北九州各地を襲ったのもこうした混乱の余波であった。

このような東アジアの動乱に巻き込まれないよう、政府は公的な外交関係を結ぶことは避けていたが、貿易は積極的に行っており、大宰府がその管理にあたっていた。大陸からの商人の往来も盛んで、前年の天慶八年には呉越国《ごえつ》（五代十国の一つ）の船三艘が肥前国《ひぜん》に来航している。一方で、この時来航を知らせたのが「肥最埼警固所《ひのみさきけいごしょ》」であり、そこには「警調兵士」が置かれていたように、軍事的緊張は依然として続いていた（『本朝世紀』天慶八年七月二十六日条）。大宰府は貿易管理だけでなく、対外警備という重責も担わねばならなかったのである。

内政面の課題

一方、内政面でこのころの大宰府を悩ませていたのが、「遊蕩放縦《ゆうとうほうじゅう》の輩《ともがら》」と呼ばれる在地有力者からなる武装集団である（『政事要略《せいじようりゃく》』天慶九年十二月七日官符）。彼らは武器を所持し、人々から物を奪い、官吏《かんり》を脅すなど、国郡司による在地支配の大きな妨げとなっており、大宰府はその取り締まりに手を焼いていた。また、純友の乱で焼かれた大宰府政庁も再建せねばならず、当時の大宰府は内外ともに多くの困難な問題を抱えていた。

大宰府のトップとなる

さらに、天慶九年の大宰府は少弐の経基がトップの地位にあった。大宰府長官の大《だ》宰帥《ざいのそち》は親王の名誉職なので、通常は権帥《ごんのそち》あるいは大弐《だいに》が現地の最高責任者となる。ところが、天慶八年正月に大弐の源清平《きよひら》が亡くなり、後任の大弐小野好古が赴任したのは天暦《てんりゃく》元年（九四七）になってからのことであった。つまり、内憂外患の状況にあった大宰府の舵取りは経基に委ねられていたのである。

優れた行政手腕

『将門記』に「未だ兵の道に練れず」と記され、天慶の乱でも大きな戦果をあげていないため、経基に対する評価は一般的にはあまり高くない。しかし、大弐不在のなかで大宰府の運営を行っていたわけであるから、経基は武人としてだけでなく行政官としても高い能力を持っていたといえよう。晩年になってからのことではあるが、そうした経基の活躍が満仲以降の清和源氏の発展につながったのではないだろうか。

四　清和源氏か陽成源氏か

陽成源氏説

ここで、経基が清和源氏ではなく陽成源氏であるという説に触れておきたい。これは明治時代に星野恒《ほしのひさし》氏が論文「世ノ所謂清和源氏ハ陽成源氏ナル考」で提唱したものである。星野氏は石清水八幡宮《いわしみずはちまんぐう》田中家文書にある「源頼信告文《こうもん》」を根拠として、一般には『尊卑分脈』などにより経基は清和源氏とされているが、実は経基の父は陽成天皇の子の元平《もとひら》親王であり、経基は陽成源氏とすべきであるとした。

源頼信告文の系譜

この「源頼信告文」は、頼信が河内国の誉田八幡宮《こんだはちまんぐう》に奉納したとされる願文《がんもん》で、原文

誉田八幡宮

書はなく、現在残されているのは鎌倉時代の写しである。告文で頼信は、先祖以来の武勲を讃えるとともに、神助を得て一家が繁栄することを祈願しているのだが、そのなかで祖先の系譜を「先人は新発《しんぼち》（新たに出家した者、ここは満仲を指す）、其先は経基、其先は元平親王、其先は陽成天皇」、「曽祖の陽成天皇は権現《ごんげん》（応神《おうじん》天皇）の十八代の孫なり、頼信は彼の天皇の四世の孫なり」と述べている。つまり、この告文にしたがえば、経基や満仲は清和源氏ではなく陽成源氏ということになる。

星野氏によると、系譜を陽成天皇から清和天皇に替えたのは源頼朝《よりとも》であり、それは平安遷都などを実現し英主といわれた桓武《かんむ》天皇を祖とする平氏に対抗するには、粗暴な振る舞いが多く廃位された陽成天皇ではなく、性格が寛恕で治世も安定していたその父の清和天皇が先祖にふさわしいと考えたためであった。

陽成源氏説の否定

その後、この陽成源氏説には賛否両論があったが、近年発表された赤坂恒明氏（「世ノ所謂清和源氏ハ陽成源氏ニ非サル考―源朝臣経基の出自をめぐって―」）や藤田佳希氏（「源経基の出自と「源頼信告文」」）の研究により、陽成源氏説は成り立ち難く、清和源氏説がやはり正しいことが明らかになった。

天暦七年の王氏爵不正事件

赤坂・藤田両氏が着目したのが、天暦七年の王氏爵《おうしのしゃく》不正事件である。王氏爵とは、天皇の子孫が各天皇ごとにグループをつくり、各グループの代表者の推薦に基づき、毎年一人ずつ順番で各グループから叙爵者《じょしゃくしゃ》（従五位下の位階を与えられる者）を出すというものである。

『権記《ごんき》』長徳《ちょうとく》四年（九九八）十一月十九日条によると、天暦七年は「元慶御後《がんぎょうのおんのち》」、すなわち陽成天皇グループの順番で、代表者は元平親王であった。ところが、元平親王は「貞観御後《じょうがんのおんのち》」、すなわち清和天皇グループの源経忠《つねただ》を「元慶御後」と偽って叙爵を申請した。しかし、不正が発覚し、元平親王・源経忠ともに処罰されることになったというのがこの王氏爵不正事件である。

経忠の名前

この事件から、源経忠が「貞観御後」、すなわち清和源氏だったことがわかる。ここ

〔陽成天皇と子・孫〕（『尊卑分脈』による、女性は除く）

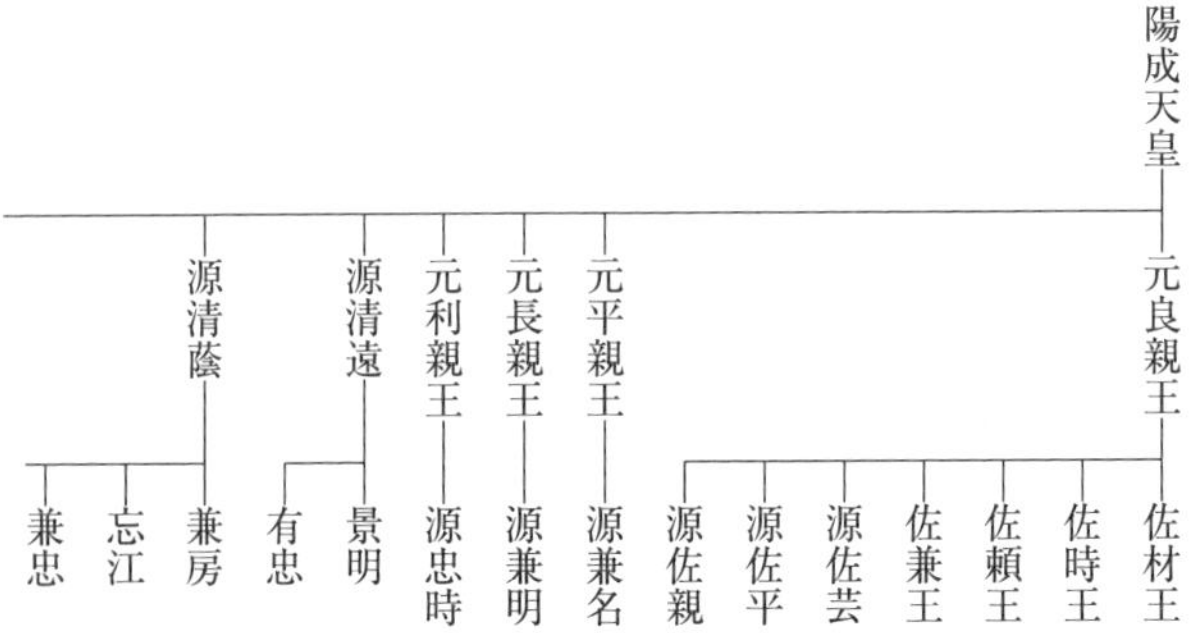

寛治元年の王氏爵

で注目したいのが経忠という名前である。前掲の系図（四〜五頁）によると、清和天皇の孫世代の名前には、子ごとに「兼」「国」「蕃」「嘉」など特定の文字が共通してみられ（これを通字《とおりじ》という）、貞純親王はそれが「経」なのである。したがって、『尊卑分脈』にはみえないが、経忠は貞純親王の子と考えられる。と同時に、経忠の存在は経基を貞純親王の子とする『尊卑分脈』の記載が正しいことを示すものといえよう。

ちなみに、陽成天皇の孫世代の通字は「佐」「兼」「公」であり、名前に「経」の字を持つ者は一人もいない（一八〜一九頁の系図参照）。こうしたことは経基が元平親王の子であることを否定するものである。

寛治《かんじ》元年（一〇八七）の王氏爵からも経基の系統が清和源氏であったことがわかる。寛治元年は「貞観御後」、すなわち清和天皇グループの順番の年で、源清宗《きよむね》が叙爵さ

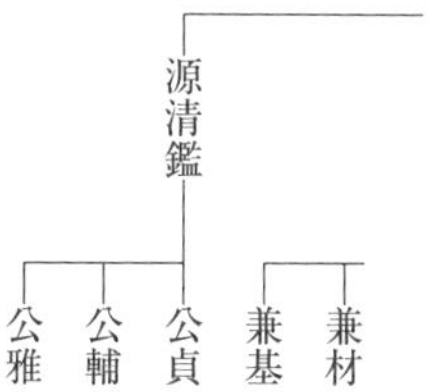

れた（『叙位尻付抄《じょいしつけしょう》』）。『尊卑分脈』には源清宗という名の者は何人もみえるが、年代的に対応するのは頼信の子頼清の孫（あるいは頼清の子）としてみえる清宗のみで、山城守・左衛門尉と注記されている。

当時の史料によると、清宗は承暦《じょうりゃく》二年（一〇七八）三月二十日に左衛門尉（『石清水文書』五）、寛治六年四月二十八日に右馬助《うまのすけ》とみえ（『中右記《ちゅうゆうき》』）、永長《えいちょう》元年（一〇九六）正月五日に従五位上となり（同）、康《こう》和《わ》四年（一一〇二）には山城守《やましろのかみ》とある（『醍醐雑事記《だいござつじき》』巻四）。したがって、『尊卑分脈』およびこれらの史料にみえる清宗が、寛治元年の王氏爵で叙爵された清宗と同一人物であることは確実であり、こうしたことも経基の系統が清和源氏であることを示している。

満仲と元平親王の年齢差

経基を清和源氏とする理由の二つめは、経基の父が陽成天皇の子の元平親王であれば、満仲は元平親王の孫になるが、満仲と元平親王の年齢差がきわめて小さいことである。元平親王は、兄の元良《もとよし》親王が寛平二年生まれ、弟の元長《もとなが》親王が延喜元年生まれだが、元良親王とは同母なので、寛平三年から延喜元年の間に生まれたことになる。一方、あとに述べるように満仲の生年は延喜十二年から延長五年の間であったと考えられる。そうすると、最大限に見積もって、元平親王が兄の元良親王が生まれた年の翌年の寛平三年に生まれ、かつ満仲の生年が延長五年だったとしても、元平親王と満仲との年齢差は三十六となり、元平親王を満仲の祖父とするのはかなりきびしいといわざるをえない。したがって、元平親王を経基の父とすることもやはり困難であろう。

『今昔物語集』と『大鏡』

三つめの理由は、院政期成立の『今昔物語集《こんじゃくものがたりしゅう》』と『大鏡《おおかがみ》』も清和源氏としていることである。『今昔物語集』十九―四の満仲の出家をめぐる説話には、満仲が「清和天皇の近い子孫」とあり、『大鏡』の清和天皇条も「今の世にある源氏の武者の一族はこの天皇の子孫である」としている。このように、星野恒氏は祖先を陽成天皇から清和天皇に替えたのは源頼朝とするが、それ以前の院政期にすでに清和源氏説がみられるのである。

この点について、星野恒氏は、『今昔物語集』や『大鏡』には間違いが多く、そうした記述は誤記あるいは後世の改ざんとしている。確かに、『今昔物語集』や『大鏡』には史実と異なる記述がないわけではないが、両者ともに清和源氏としていることはやはり重視すべきであり、誤記・改ざんとする星野氏の見解は説得力に欠けるといわざるをえない。

告文は偽文書

では、経基が清和源氏だとすると、「源頼信告文」はどのように考えればよいのであろうか。作成者が頼信であれば、願文のなかで自身の先祖を間違えるというのはありえないことである。また、すでに指摘されているように、天智《てんち》天皇と施基皇子《しきのみこ》の順序が逆、舒明《じょめい》天皇と敏達《びだつ》天皇の間に押坂彦人大兄皇子《おしさかひこひとのおおえのみこ》が入っていない、彦主人王《ひこうしのおおきみ》は応神《おうじん》天皇の五世の孫ではなく四世の孫など、「源頼信告文」には系譜の誤りが多い。したがって、この告文は源氏や天皇家の系譜にあまり詳しくない後世の者が作った偽文書と考えられる。

告文の作成時期

作成時期については、告文のなかで経基が将門謀反の密告をした年を承平《じょうへい》七年（九三七）としている点に注目したい。実際に経基が将門の謀反を訴えたのは天慶二年である。そして、その年の年末に将門が坂東諸国を占領し、翌年二月に藤原秀郷・平貞盛に討ち取られ、将門の乱は短期間で終結する。

このように、将門の乱は天慶年間の出来事であった。そして、平安時代には「天慶の賊乱」（『小右記《しょうゆうき》』長和《ちょうわ》四年九月八日条）、「天慶年中将門兇乱《きょうらん》の時」（『兵範記《ひょうはんき》』仁安《にんあん》三年十二月三十日条）というように、将門の乱が起きた時期を天慶年中とする史料が多い。ところが、次第に将門の乱は承平年間とされるようになり、「承平のころ、平将門、東国にて謀反おこしたりけるに」（『十訓抄《じっきんしょう》』十—七十八）、「承平年中に将門の謀反あり」（『古今著聞集《ここんちょもんじゅう》』八十七）など、十三世紀になると将門の乱は承平年間の出来事とするのが一般的になる。こうしたことからすると、「源頼信告文」は鎌倉時代につくられた可能性が高いのではないだろうか。

以上、本章では、源経基の生涯および彼が清和源氏であることを述べた。経基は天慶の乱ではあまり活躍することはできなかったが、その後は大宰少弐として行政手腕を発揮した。こうした経基の一連の実績により清和源氏発展の基礎が築かれたのである。

第二　父源満仲

一　武人としての活動

満仲の生没年

源満仲《みつなか》は経基《つねもと》の子で、弟に満正《みつまさ》（政）、満季《みつすえ》らがいる。満仲の生没年はよくわからない。『尊卑分脈《そんぴぶんみやく》』は、満仲の生年を延喜《えんぎ》十二年（九一二）、没年を長徳《ちようとく》三年（九九七）、また出家した年を寛和《かんな》二年（九八六）とする。このうち、当時の史料から確認できるのは出家年だけで、『小右記《しようゆうき》』によるとそれは永延《えいえん》元年（九八七）のことであった（永延元年八月十六日条）。したがって、満仲が出家した年は、寛和二年ではなく永延元年が正しい。

満仲の生年は、父親である経基が寛平《かんぴよう》元年（八八九）～同九年ころに生まれたとすると、それが『尊卑分脈』のいうように延喜十二年であってもおかしくはない。ただ、満仲の出家を題材とした『今昔物語集《こんじやくものがたりしゆう》』十九―四に、満仲は出家時に「六十歳を過ぎている」とあるので、出家年である永延元年の六十年前、すなわち延長《えんちよう》五年（九二七）以前には生まれたらしい。しかし、延喜十二年生まれとすると、出家した時の年齢が七十六歳になり、六十歳ではなく七十歳を過ぎていたことになる。ゆえに、『今昔物語集』の記述からすると、満仲が生まれたのはもうすこしあとだったのかもしれない。没年については、残念ながら当時の史料で手がかりとなるものはない。

将門の子の入京事件

満仲が史料に最初にみえるのは、先述した天徳《てんとく》四年（九六〇）の将門《まさかど》の子の入京事件である。この時に検非違使《けびいし》とともに捜索命令を受けたのが満仲、義忠《よしただ》、春実《はるざね》である。このうち、春実はいうまでもなく博多津《はかたつ》の戦いで活躍した大蔵春実である。満仲は天慶《てんぎょう》の乱の史料にはみえないが、年齢的にみて父の経基とともに武蔵国に下向した、あるいは戦闘に加わった可能性は十分にある。義忠がいかなる人物かは不明だが、満仲や春実と同じく天慶の乱平定の関係者であろう。

この時政府が検非違使に捜索を命じたのは、もちろん検非違使が平安京の軍事警察機関だったことによる。それに加えて、満仲・春実らにも将門の子を捜させたのは、彼らが天慶の乱平定の関係者だったからであろう。満仲や春実らが召されたのは、彼らの持つ私的武力を使うためという考え方もあるが、単に武力が必要なら六衛府《ろくえふ》などを動員すれば済むことなので、政府が満仲らに期待したのは乱平定の関係者として独自に持つ情報などであろう。『扶桑略記《ふそうりゃっき》』が、検非違使には「捜し求め」させたのに対し、満仲らには「伺い求め」させたとしているのは（天徳四年十月二日条）、両者の役割が異なっていたことを示している。

武蔵権守をつとめる

次に満仲が史料にみえるのは、満仲宅に強盗が押し入ったという『扶桑略記』応和《おうわ》元年（九六一）五月十日条の記事である。満仲が射止めた犯人の自白から、首謀者は式明《のりあきら》親王の子の親繁王《ちかしげおう》であることが判明し、検非違使が捕縛に向かうことになった。

この時満仲は前武蔵権守《ごんのかみ》であった。「前」とあるので、すでに武蔵権守を辞めていたことになるが、任期がいつからいつまでかはわからない。このころの東国の権守は、将門の乱の時の武蔵権守興世王のように現地に赴任した者もいるが、遥任といって現地に行かない者も少なくないので、満仲が実際に武蔵国に赴任したかどうかは不明である。なお、康保《こうほう》二年（九六五）に満仲は従五位下だったが（『平安遺文《へいあんいぶん》』三―一一六一号）、当時の東国の権守は従五位下の者が多いので、満仲も応和元年以前に従五位下となっていたとみてよいであろう。

御鷹飼となる

康保二年、満仲は御鷹飼《おたかがい》に任じられた（『村上御記』同年七月二十一日条）。御鷹飼は天皇が鷹狩に使う鷹を飼養する官人で、蔵人所《くろうどどころ》の管轄下にあった。満仲出家時の様子を描く

『今昔物語集』十九—四には、満仲は多くの鷹を飼っていたとある。満仲が御鷹飼となったのは鷹の扱いに慣れていたためであろう。当時の武人には鷹を飼う者が多くいた。将門の乱の時に征東大将軍となった藤原忠文《ただふみ》も鷹を好んでいた（『江《ごう》談抄《だんしょう》』三—二十二）。満仲もそうした武人の一人だったのである。

鷹　飼
（『年中行事絵巻』）

左馬助との兼任

この時満仲は左馬助《さめのすけ》であった。左右の馬寮《めりょう》は馬の飼養・調教などを行う官司で、長官が頭《かみ》、次官が助である。馬寮は衛府や検非違使とともに軍事警察官司であり、所属する官人は武官とされた。馬寮の頭・助には、満仲のほかにも平貞盛《さだもり》、藤原保昌《やすまさ》、源頼親《よりちか》など多くの武人がついている。満仲は康保四年、安和《あんな》二年（九六九）に左馬助、天元《てんげん》五年（九八二）には馬権頭《ごんのかみ》（頭に準じる地位）とみえるので、その後も馬寮で勤務したようである。

二　安和の変

源高明の左遷

康保四年、村上《むらかみ》天皇が亡くなり、冷泉《れいぜい》天皇が即位した。そして、守平《もりひら》親王（のちの円融《えんゆう》天皇）が皇太子となった。守平親王には同母兄の為平《ためひら》親王がいたが、右大臣源高明《たかあきら》の女婿となっていたため、高明が将来天皇の外祖父になることを恐れ、藤原氏が為平親王ではなく守平親王を皇太子にしたのである。

二年後の安和二年三月、安和の変が起き、源高明が大宰権帥《だざいのごんのそち》に左遷された。高明が天皇の外祖父となって権力を握る心配はなくなったが、高明に決定的な打撃を与えるため藤原氏により仕組まれたのがこの政変である。この事件の首謀者として藤原師尹《もろまさ》、同伊尹《これまさ》、同兼家《かねいえ》などの名前があげられているが、真相は明らかでない。

満仲の密告

安和の変は、満仲と藤原善時《よしとき》が、源連《つらぬ》・橘敏延《としのぶ》らが謀反を企てているとの密告をしたのが始まりである。右大臣以下の諸卿はすぐさま内裏に参入し、衛府に命じて諸門の出入りを禁止させた。また、検非違使によって源連・橘敏延のほかに藤原千晴《ちはる》、僧蓮茂《れんも》らも捕らえられ、いずれも流罪に処せられた。

このうち藤原千晴は平将門の乱の時に将門を討ち取った藤原秀郷《ひでさと》の子である。父に代わって都に上り、高明に仕えていたのであろう。この事件により秀郷流藤原氏の京都での活動は挫折することになる。

満仲の立場

この政変は明らかに藤原氏の陰謀事件であり、その手先となったのが満仲である。ただ、満仲が最初から藤原氏側に属していたかどうかについては検討が必要である。『愚《ぐ》管抄《かんしょう》』巻四には、満仲が高明グループの源連・橘敏延らに誘われたとあり、『源平盛《げんぺいじょう》衰記《すいき》』第十六には、当初満仲は源連・橘敏延らとともに謀反を計画していたが、裏切って密告に及んだと書かれているからである。もちろん、これらは後世の著作であって、その信憑性はあまり高くない。ただ、満仲の義父である源俊《すぐる》が、藤原氏とつながりがあるだけでなく、俊と高明が姻戚関係にあることを考えると、『愚管抄』や『源平盛衰記』の記述をまったく無視するわけにはいかないのである。

義父源俊と藤原氏

俊は将門の乱の時に推問使《すいもんし》に任命されながら下向しなかったため、天慶三年（九四〇）正月に官位を剝奪されたが、天慶五年に赦《ゆる》され、もとの従五位上右衛門権佐にもどる。その後は順調に昇進し、天慶九年には左衛門権佐に加えて右少弁と蔵人を兼ねた。この三つのポストを兼任することを三事兼帯《さんじけんたい》といい、それが可能なのはきわめて有能な実務官人だけであった。
俊は憲平《のりひら》親王（のちの冷泉天皇）の春宮坊《とうぐうぼう》（皇太子の家政機関）の亮《すけ》（次官）もつとめていた。憲平親王は、天暦《てんりゃく》四年（九五〇）に生まれ、生後わずか二ヵ月で皇太子となった。母は藤原師輔の娘安子である。俊の上司にあたる傅《ふ》（皇太子輔導官）・大夫《たいふ》（長官）は師輔の兄弟の実頼《さねより》・師尹であった。師輔は天徳四年に亡くなるが、実頼・師尹は冷泉即位後にそれぞれ関白太政大臣《だじょうだいじん》・右大臣となり、冷泉天皇を支えた。俊が春宮亮になったのは、実務官人としての優秀さによるものだろうが、春宮亮をつとめるうちに藤原氏と親密な関係になったことは間違いない。

〔源俊関係系図〕

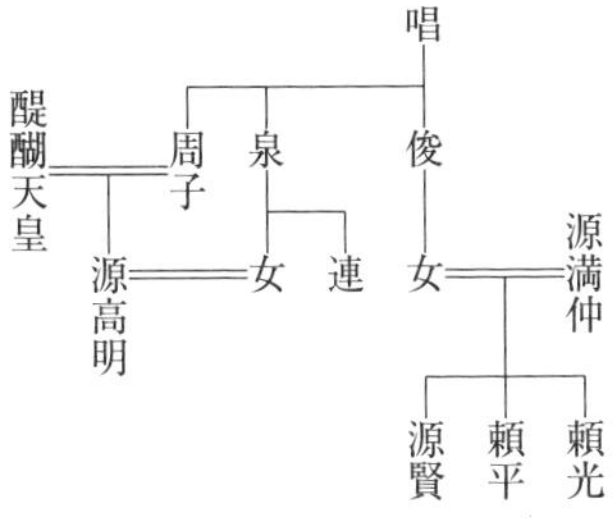

義父源俊と高明

一方で、俊は高明の母の兄弟であるとともに、俊の姪が高明の妻となっており、俊と高明はきわめて近い姻戚関係にあった（系図参照）。つまり、俊は高明と藤原氏の両方につながりをもっていたのである。

俊の娘を妻（頼光《よりみつ》らの母）としていた満仲が、こうした義父を介して高明と藤原氏の双方に仕えていた可能性は十分にある。当時は複数の主人の下で働く（これを兼参《けんざん》という）のはごく普通のことだったからである。そして、その立場を利用しながら最終的には藤原氏側について密告を行ったのではないだろうか。こうした推測があたっているならば、『愚管抄』や『源平盛衰記』には一定の真実が含まれていたことになろう。

政治的地位の上昇

満仲は密告の褒賞として正五位下に叙され、その後越前《えちぜん》守となっている。安和の変をきっかけに満仲の政治的地位は大きく上昇したのである。天延《てんえん》元年(九七三)四月、満仲宅を再び強盗が襲い、建物が放火された。その時の史料によると満仲の家は左京一条三坊にあった。当時の左京一条〜三条は高級貴族が邸宅を構える一等地であった。満仲はそうした場所に住むほどの身分になっていたのである。

三　晩年の満仲

受領の歴任

天延元年の強盗事件の時、満仲は前越前守とあり、すでに越前守を辞めている。国守の任期は四年なので、安和の変があった安和二年に越前守になり、強盗事件の前年で任期を終えたのであろう。あるいは、安和の変の翌年以降に越前守になり、なんらかの事情で任期途中で辞めたのかもしれない。

満仲は天元五年に常陸介《ひたちのすけ》（常陸国は親王任国《しんのうにんごく》、すなわち在京の親王が守となる国なので介が受領《ずりょう》となる）に任じられる。この時満仲は馬寮の権頭だったが、常陸介と権頭を兼ねることが認められている。

清原元輔《もとすけ》の歌集『元輔集』に、満仲が常陸国に赴任する時の歌があるので、満仲は実際に常陸国に下向したらしい。ところが、翌年満仲は摂津守に遷《うつ》る。なぜわずか一年で常陸介から摂津守に転任したのかはわからない。なお、このことを記す『勅撰作者部《ちょくせんさくしゃぶ》類《るい》』には摂津守に「還任」したとあるが、受領の「還任」というのはほかに例がないので、「遷任」（別の国に遷ること）の誤りではないだろうか。永延元年に出家した時には前摂津守とされているので、おそらく四年間の任期を終えてから出家したのであろう。

政権担当者との関係

天延元年以降、満仲は十年近く史料に姿をあらわさないので、その間の動きはよくわからない。ただ、次に述べるように、安和の変以降も満仲は政権中枢部との関係を維持していたようである。その後馬寮の権頭、常陸国・摂津国の受領となり、貴族社会での地位が順調に上がっているのは、満仲がその時々の政権担当者に近い立場にいたことの結果であろう。

冷泉朝から円融朝へ

安和の変以降、政権の担い手は次々に変わっていく（次ページの表参照）。安和二年八月、

表　冷泉朝～一条朝の政治の動き

年	事　項
康保4年(967)	冷泉天皇即位．実頼が関白になる．
安和2年(969)	安和の変が起き，源高明が大宰権帥に左遷される．円融天皇即位．実頼が摂政，師尹が左大臣になる．師尹没．
天禄元年(970)	実頼没．伊尹が摂政になる．
3年(972)	伊尹没．兼通が内大臣になる．
天延2年(974)	兼通が関白になる．
貞元2年(977)	兼通没．頼忠が関白になる．
永観2年(984)	花山天皇即位．
寛和2年(986)	一条天皇即位．兼家が摂政になる．
正暦元年(990)	兼家没．道隆が摂政になる．
長徳元年(995)	道隆没．道兼が関白になるが，まもなく没．道長が右大臣になる．
2年(996)	伊周が大宰権帥，隆家が出雲権守に左遷される．道長が左大臣になる．

異常行動の多かった冷泉天皇が退位し、十一歳の守平親王が即位して円融天皇となる。摂政が実頼、左大臣が師尹だったが、十月に師尹、翌年五月に実頼が亡くなり、師輔の子の伊尹が摂政になる。その伊尹が天禄《てんろく》三年（九七二）十一月に亡くなると、弟の兼家との熾烈な争いに勝った兼通《かねみち》が内大臣《ないだいじん》、さらに関白に任命された。貞元《じょうげん》二年（九七七）、兼通の病が重くなると、兼通は兼家を左遷し、従兄弟の頼忠《よりただ》に関白を譲り、死去する。永《えい》観《かん》二年（九八四）、円融天皇が退位し、花山《かざん》天皇が即位する。花山即位後も頼忠は関白を続けるが、花山側近の

藤原惟成《これしげ》・同義懐《よしちか》が力をふるった。寛和二年、兼家の陰謀により花山天皇が退位に追い込まれ、兼家の娘詮子が生んだ一条《いちじょう》天皇が即位する。そして、外祖父の兼家が摂政となり、長い間雌伏を強いられていた兼家がようやく政権の座に着いた。

簡単にいえば、安和の変を主導したと思われる師尹・伊尹が死去したあと、政権を担ったのは兼通、頼忠、兼家ということになろう。そして、満仲はそれらのいずれともつながりを持っていたと考えられるのである。

兼通との関係

満仲が源俊の娘を妻としていたことは先述したが、満仲のもう一人の妻（頼親・頼信の母）が藤原致忠《むねただ》の娘である。致忠は多くの武人を輩出した南家黒麻呂《くろまろ》流の藤原氏で、備後守、右衛門権佐、陸奥《むつ》守、右馬権頭などを歴任した。摂関期を代表する武人の保昌や盗賊の首領保輔《やすすけ》は致忠の子である。

致忠は、父が大納言元方《もとかた》、自身も受領を歴任しているため、財力は豊かで、左京三条二坊にある著名な邸宅閑院《かんいん》の所有者であった。貞元元年五月、内裏が焼亡し、円融天皇が関白兼通の堀河院に遷御したため、兼通は転居せねばならなくなった。その際、兼通が転居先として選んだのが致忠の閑院である。閑院はその後兼通の所有となっているので、致忠から兼通に譲られたようである。

摂関や公卿などの高級貴族が転居先とするのは、通常は親族・家司《けいし》など親しい者の邸宅に限られるので、致忠と兼通は親密な関係にあったと思われる。したがって、義父の致忠を通して満仲が兼通とつながっていた可能性は十分にあろう。

四条宮との関係

次に、源兼澄《かねずみ》の歌集である『兼澄集』に、「四条宮のすけの君が多田《ただ》の新発意《しんぼち》（満仲）のところに尼になろうとして行ったところ、もとの夫が迎えに来たので、決心がゆらいで戻ってきた」という詞書を持つ歌がある。四条宮は、関白頼忠の娘で天元五年に円融天皇の中宮となった遵子《じゅんし》である。「すけの君」は四条宮に仕える女房である。注目されるのは、「すけの君」が尼になるため満仲のところに行ったことである。満仲を多田の新発意としているので、満仲出家後のできごとらしいが、このことから「すけの君」が満仲の関係者（おそらくは親族）だったことがわかる。つまり、そうした女性が四条宮の女房になっていたのであり、満仲が四条宮につながりを持っていたことを示している。

実資との関係

満仲は頼忠の甥の藤原実資《さねすけ》とも関係があったようである。遵子が中宮となった天元五年に蔵人頭だったのが藤原実資である。実資は蔵人頭《くろうどのとう》として遵子の立后に尽力し、立后後は中宮職《ちゅうぐうしき》の亮になっている。実資はその後花山天皇の時代まで蔵人頭を続け、関白頼忠の政治を助けていた。

婿惟成

この実資の日記『小右記』永延元年八月十六日条に満仲出家のことが記されている。そこには「前摂津守満仲が多田宅で出家したそうだ。一緒に出家した者は十六人、女性が三十数人らしい。満仲は勝手気ままに殺生を行ってきたが、突然菩薩心を起こして出家した」とある。『小右記』には人々の出家記事が多くみられるが、親王・公卿などの高級貴族を除けば、いずれも記述は簡単で、これだけ詳細なものは珍しい。おそらく満仲は実資のよく知る人物だったので、日記に詳しく書き留めたのであろう。

以上のように、満仲は頼忠の娘遵子や甥の実資と関係をもっていた。したがって、関白頼忠の時代においても満仲は政権とのつながりがあったことがうかがえるのである。

花山天皇の時代には側近の藤原惟成が力を持っていたが、『古事談《こじだん》』(二―九十二)にその惟成が満仲の婿になった話が載せられている。『古事談』によると、惟成は貧しい時は妻の世話になっていたが、花山天皇が即位するとその妻を離別し、満仲の婿となったというのである。羽振りがよくなると糟糠の妻を捨てて権力や財力のある者の娘を妻にするのはよくあることだが、そこに満仲が登場する点が興味深い。この話が事実を反映したものならば、花山朝の満仲は政治力がある、あるいは富裕だったことになるが、惟成が満仲の婿となったという史料はほかに見あたらないので、後世になってつくられた

兼家との関係

元　慶　寺（応仁の乱で焼失し，江戸時代に再建された）

話かもしれない。

寛和二年、兼家は子の道兼を使い、花山天皇を騙すようにして山科《やましな》の元慶寺《がんぎょうじ》で出家させ、娘の詮子が生んだ一条天皇を即位させることに成功する。『大鏡《おおかがみ》』によると、花山天皇や道兼の護衛にあたったのは源氏の武者たちであった（このことが事実ならば、満仲が関与していた可能性が高い）。皇太子には兼家の娘超子《ちょうし》が生んだ居貞《おきさだ》親王（のちの三条《さんじょう》天皇）が立てられた。その時に春宮坊の権大進《ごんのだいしん》（三等官）になったのが満仲の子の頼光である。また、『古事談』（四—十二）には、頼信が家人《けにん》として道兼に仕えていたとある。さらに、『尊卑分脈』によると満仲の娘が道隆《みちたか》の子頼親の妻になっている。

このように、頼光・頼信など満仲の子供たちは兼家政権と関わりを持っていた。もちろん、それらは満仲の手配によるものであろう。満仲は、頼忠の次に政権の座につくのは兼家と考え、早くから兼家に近づいていたのである。

出家

一条天皇が即位して外祖父の兼家が摂政となった翌年の永延元年、満仲は摂津国多田宅で出家する。兼家はすでに五十九歳だったが、子の道隆は三十五歳で権大納言、道兼は二十七歳で権中納言になっていたので、兼家父子による政権がしばらくは続くと考え、今が引き時とみたのであろう。また、頼光が春宮坊権大進になり、頼信も永延元年に叙爵されるなど、子供たちが貴族社会で順調に活動を始めたことも出家を決意した大きな理由であろう。

地位の上昇に努める

安和の変以降の満仲の動きを見てきたが、満仲はその時々の権力者とつながりをもち、自己の政治的地位の維持・上昇に励んでいたといえよう。満仲が武人であることは間違いないが、武人的な活動はほとんどなく、あったとしても満仲の貴族社会での活動のごく一部に過ぎなかった。つまり、満仲の貴族社会での動きは一般の貴族とあまりかわりはなかったのであり、それは頼光・頼信らの子の世代においても同じであった。

以上、本章では、満仲が安和の変を足がかりに政界に進出し、その後は政権担当者との関係を巧みに築き、清和源氏をさらに発展させていった様子を述べた。頼信が若くして活躍できたのは、父満仲のこうした努力の結果にほかならない。次章からは、本書の主人公である頼信についてみていくことにしたい。

第三　頼信の生い立ち

一　頼信の生年

生年の史料

頼信が生まれたのはいつであろうか。頼信の生年がわかる史料としては、『尊卑分脈《そんぴぶんみゃく》』（清和源氏）、『諸家系図纂《しょけけいずさん》』（小笠原系図）、『系図纂要《けいずさんよう》』（清和源氏）がある。『尊卑分脈』には、永承《えいしょう》三年（一〇四八）、康平《こうへい》二年（一〇五九）、康平三年の三つの没年がみえる。享年はいずれも六十とするので、生年はそれぞれ永祚《えいそ》元年（九八九）、長保《ちょうほう》二年（一〇〇〇）、長保三年となる。江戸時代前期に成立した『諸家系図纂』は、頼信は安和《あんな》元年（九六八）に生まれ、永承三年に没、享年を八十一とする。また、幕末期成立の『系図纂要』は、天延《てんえん》二年（九七四）に生まれ、永承三年に没、享年を七十五とする。以上をまとめると次頁の表のようになる。

叙爵

このように、頼信の生年は史料によりさまざまだが、生年を考える上で手がかりとな

『系図纂要』

『諸家系図纂』

表　頼信の生年

史料	生　年	没　年	享年
尊卑分脈①	永祚元年(989)	永承3年(1048)	60
尊卑分脈②	長保2年(1000)	康平2年(1059)	60
尊卑分脈③	長保3年(1001)	康平3年(1060)	60
諸家系図纂	安和元年(968)	永承3年(1048)	81
系図纂要	天延2年(974)	永承3年(1048)	75

るのが、頼信が永延《えいえん》元年（九八七）に従五位下に叙されたこと（これを叙爵《じょしゃく》という）である。この時の年齢を先の史料の生年からみてみると、『尊卑分脈』はいずれも生まれるより前、『諸家系図纂』は二十歳、『系図纂要』は十四歳となる。したがって、『尊卑分脈』の没年や享年の記載は明らかに間違いということがわかる。

『系図纂要』の十四歳での叙爵はどうであろうか。当時は、親が親王や公卿など高級貴族の場合は、その子供が十代で叙爵されるのは珍しいことではないが、親が四位、五位の場合はそうした年齢での叙爵はほとんどみられない。したがって、頼信が十四歳で叙爵した可能性はきわめて低く、『系図纂要』の生年も採用することはできない。

『諸家系図纂』の二十歳での叙爵は、やや若い点が気になるが、ありえないことではない。『諸家系図纂』によって頼信の生年を安和元年とすれば、頼信の子や兄の生年とも矛盾しない。頼信の長男頼義《よりよし》が生まれたのは永延二年と考えられ、この年頼信は二十一歳となる。当時にあっては二十一歳で長男が生まれるのはごく普通のことである。また、頼信の兄頼親《よりちか》の生年は応和《おうわ》元年（九六一）〜天禄《てんろく》元年（九七〇）とみられるので、頼信が安和元年に生まれたとしてもなんら問題はない。

以上のように、頼信の生年がわかる三つの史料のうちでは、『諸家系図纂』が最も妥当である。もちろん、『諸家系図纂』は近世の史料なので史実性に不安がないわけではないが、ほかに拠るべき史料がないので、本書では頼信の生年を安和元年としておきたい。

二　頼信の母

致忠の娘か元方の娘か

『尊卑分脈』（武智麻呂孫）の系図によると、頼信の母は藤原致忠《むねただ》の娘である。一方『尊卑分脈』（清和源氏）の頼信に付された注記は、母を致忠の娘、あるいは元方《もとかた》の娘とし、二つの説を併記している。元方は致忠の父で、天慶《てんぎょう》二年（九三九）に参議となり、天暦《てんりやく》七年（九五三）に大納言で亡くなっている。ちなみに、『諸家系図纂』『系図纂要』は頼信の母を元方の娘とする。では、頼信の母はどちらなのであろうか（次頁の系図参照）。

〔藤原致忠関係系図〕

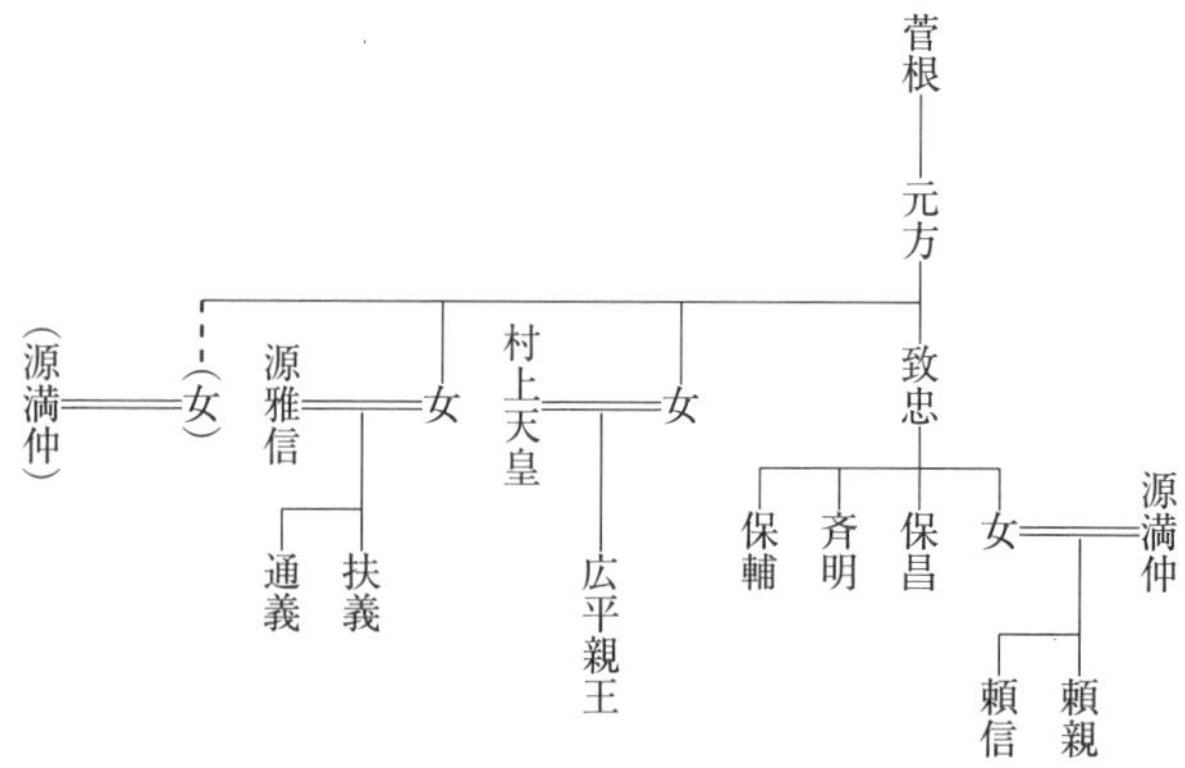

元方と頼信の年齢差

まず、年齢面から考えてみよう。藤原元方は仁和《にんな》四年（八八八）生まれである。頼信の母が元方の娘であれば、頼信は元方の孫になる。頼信の生年を安和元年とすると、元方との年齢差は八十である。この八十という年齢差は、頼信を元方の孫とすると、やや大きすぎるように思われる。したがって、致忠や頼信の母の生年がわからないので確定的なことはいえないが、年齢差だけをみれば、頼信の母を元方の娘とするよりは致忠の娘とする方がよいのではないだろうか。

元方の娘の配偶者

次に、元方のほかの娘たちの配偶者をみると、元方が大納言、その父の菅根《すがね》も参議をつとめただけのことはあって、いずれも高貴な身分の者である。一人は村上《むらかみ》天皇で、その間に広平《ひろひら》親王が生まれている。この広平親王は村上天皇の第一皇子だったが、師輔《もろすけ》

母は致忠の娘

の娘安子が生んだ憲平《のりひら》親王（のちの冷泉《れいぜい》天皇）が皇太子となったため、天皇になることができなかった。もう一人は源雅信《まさのぶ》で、その間に扶義《すけよし》・通義《みちよし》が生まれている。雅信は敦実《あつざね》親王（父は宇多《うだ》天皇）の子で、延喜《えんぎ》二十年（九二〇）に生まれ、十七歳で従四位下に叙され、右近衛権中将《ごんのちゅうじょう》、蔵人頭を経て、三十二歳で参議になり、のちには左大臣にまでなっている。つまり、元方のほかの娘二人は天皇や高級貴族と結婚しているのである。

したがって、頼信の母が元方の娘、すなわち満仲《みつなか》の妻が元方の娘だとすると、ほかの二人の娘の配偶者と満仲との身分的格差はあまりにも大きいといわざるをえない。頼信が生まれたのは安和の変の前と考えられ、そのころの満仲はようやく五位になったばかりの一官人にすぎなかった。そうした満仲が元方の娘と結婚することができたかどうかはきわめて疑問である。

以上のことから、頼信の母はどちらかといえば致忠の娘とすべきであろう。もちろん、元方と頼信の年齢差や元方の娘たちの配偶者のあり方だけでは、頼信の母が致忠の娘とする十分な根拠にはならないので、元方の娘の可能性も残されてはいるが、本書では致忠の娘を頼信の母として話を進めていきたい。

三　頼信の乳母

次に、頼信の乳母《めのと》についてみていきたい。『今昔物語集《こんじやくものがたりしゆう》』二十五―十一に以下のような話が載せられている。

頼信が上野国の受領《ずりよう》だった時、頼信の乳母子《めのとご》で兵衛尉《ひようえのじよう》の藤原親孝《ちかたか》も同行していた。ある時、親孝が捕らえた盗賊が逃げ出し、親孝の子を人質として物置小屋に立てこもった。親孝は狼狽するばかりだったが、頼信は威厳を持って冷静に盗賊を説得し、救出に成功した。さらに、頼信は投降した盗賊を寛容に扱い、馬と食料を与えて逃がしてやった。

乳母子藤原親孝

これは頼信が威信と人格にすぐれていたことを示す説話だが、ここから兵衛尉藤原親孝が頼信の乳母子だったことがわかる。『尊卑分脈』（時長孫）によると、親孝の父は藤原貞正《さだまさ》なので、貞正の妻が頼信の乳母ということになる。なお、貞正・親孝の祖は伝説の武人藤原利仁《としひと》（利仁将軍）である（次頁の系図参照）。

乳母には信頼のおける従者の妻をあてるのが一般的なので、貞正は満仲の忠実な部下だったと考えられる。貞正は寛和《かんな》元年（九八五）六月に、蔵人頭藤原実資《さねすけ》の推挙により滝口《たきぐち》になっている。滝口は宮中の警護にあたる者で、下級官人層の武芸にすぐれた者から選ばれた。実資と満仲は近い関係にあったらしいので、あるいは満仲が口添えをしたのかもしれない。

貞正と三国氏

その四年後の永祚元年七月、貞正は京都東郊の粟田口《あわたぐち》で敵対していた越前国の三国《みくにの》行正《ゆきまさ》を射殺するという事件を起こす。これには貞正の従兄弟で帯刀《たちはき》（春宮坊帯刀舎人）の藤原為信《ためのぶ》（延）も加担しており、検非違使《けびいし》が両者を追ったが、捕らえることはできなかった。

〔『尊卑分脈』（時長孫）〕

利仁—叙用—吉信—重光—貞正—正重—景道（通）—景清—景廉
　　　　　　　　　　　　　　　　　　　　　　　　　　　—光員
　　　　　　　　　　　　　　　　　　　　　　　—景季
　　　　　　　　　　　　　　　—親孝
　　　　　　　—伊傳—公則
　　　　　　　　　　—為延（信）

三国氏は越前国における古くからの豪族で、奈良時代には坂井《さかい》郡の大領《だいりょう》（郡司《ぐんじ》の長官）をつとめた。一方、『尊卑分脈』が貞正の叔父の伊傅《これすけ》やその子為信を越前国押領使《おうりょうし》とするなど、貞正一族も越前を本拠とする豪族であった。貞正らの祖である利仁将軍が『今昔物語集』二十六—十七で越前国敦賀の豪族有仁《ありひと》の婿とされていることは周知の通りである。こうしたことからすると、貞正・為信が三国行正を殺害したのは、越前国でのなんらかの争いが要因と推定される。

『尊卑分脈』によると、貞正の父重光《しげみつ》も滝口であった。つまり、親子二代にわたって滝口をつとめていたわけであり、こうしたことから同じく都の武人である満仲と関係を持つようになったのであろう。

満仲と貞正

なお、貞正の一族は越前を本拠としていたので、貞正が満仲の従者となった契機として想起されるのは、満仲がかつて越前守をつとめていたことである。しかし、先述したように、満仲が越前守になるのは安和の変があった安和二年以降である。一方、頼信が生まれたのは安和元年と考えられ、満仲の越前守任官以前から満仲と貞正は関係があったことになる。したがって、満仲が越前守の時に貞正が満仲に仕えるようになったとするのは困難であろう。

親孝の一族

貞正のその後は不明だが、為信は『尊卑分脈』によると小一条院帯刀長《こいちじょういんたちはきのおさ》になっている。三国行正殺害事件の時、為信は帯刀すなわち春宮を警護する武官だったが、この時の春宮は居貞《おきさだ》親王（のちの三条《さんじょう》天皇）、その子が小一条院である。為信の父伊傅も冷泉院《れいぜいいん》（三条天皇の父）の蔵人だったので、為信と三条天皇とは親の代からつながりがあったことになる。為信が小一条院帯刀長として復権できたのは、そうした三条天皇との関係によるものであろう。

親孝の甥景通《かげみち》（道）は頼信の子頼義に仕えた。『陸奥話記《むつわき》』には、前九年合戦の時、黄《きの》海《み》の戦いで窮地に陥った頼義を景通らが救出した話がみえている。景通の子の景季《かげすえ》も前九年合戦で活躍した。また、景通の孫の景廉《かげかど》・光員《みつかず》は源頼朝《よりとも》が伊豆で挙兵した時にいち早く馳せ参じている。乳母子だけでなく、その子孫も代々にわたって主家に仕えるのはよくあることだが、頼信の乳母子親孝もそうした例の一つといえよう。

以上、本章では、頼信が生まれたのは安和元年、母は藤原致忠の娘、乳母は藤原貞正の妻であることを述べた。頼信の子供時代のことは残念ながら史料がないためわからない。次章では成人後の頼信をみていきたい。

第四　叙爵から長徳の変へ

一　左兵衛尉となる

頼信の叙爵

頼信が最初に姿をみせる史料は、『小右記《しょうゆうき》』永延《えいえん》元年（九八七）二月十九日条である。そこには、左兵衛尉《さひょうえのじょう》源頼信と藤原師頼《もろより》が恵《え》（慧）心院《しんいん》の造堂料を負担した功により叙爵《じょしゃく》されたとある。このころになると国家財政が次第に窮乏し、内裏殿舎や寺院の造営費用などを負担することにより位階や官職を得る成功《じょうごう》がしばしば行われるようになった。この場合も、恵心院の造営費用を支出した見返りとして頼信と師頼が叙爵されたのである。

恵心院

恵心院は、藤原兼家《かねいえ》が父師輔《もろすけ》の意志を継いで比叡山《ひえいざん》横川《よかわ》に建てた寺院で、永観《えいかん》元年（九八三）に落慶《らっけい》供養された。永観元年に右大臣であった兼家は、寛和《かんな》二年（九八六）の一条《いちじょう》天皇即位によって摂政となり、恵心院を官寺《かんじ》（国家から管理・保護を受ける寺院）とした。そして、翌永延元年に、恵心院の造営費用を負担した者にその功として従五位下を与えたのである。もちろん、造営費用を実際に出したのは頼信ではなく父の満仲《みつなか》である。本来は満仲に官職や位階が与えられるはずだったが、頼信にそれを譲ったのであろう。

律令官人制では、五位以上と六位以下とでは身分的に大きな違いがあり、五位以上が貴族とされた。つまり、叙爵は貴族社会の一員になることを意味していた。平安時代になると律令位階制は次第に変質していくが、叙爵についてはこれまで通り重要な意味を持つものと考えられていた。この年、頼信はまだ二十歳であった。満仲は八月に出家しているので、その前に頼信を五位にしておきたかったのであろう。

兼家が恵心院の造営を始めたのは天元《てんげん》二年（九七九）である。兼通《かねみち》の死により、兼家は前年に右大臣となり、次第に力を伸ばしつつあった。この時の政権担当者は太政大臣頼忠《よりただ》だったが、頼忠の次に権力を握るのは兼家と考え、満仲は兼家に近づくため恵心院の造営費用負担を申し出たのであろう。満仲と兼家が近い関係にあったことは先述したが、あるいはこのことがそのきっかけとなったのかもしれない。

兵衛尉の出身階層

従五位下に叙された時、頼信は左兵衛尉、つまり左兵衛府の三等官であった。兵衛府は左兵衛府と右兵衛府からなり、左右の近衛府《このえふ》、左右の衛門府《えもんふ》とともに中央軍事警察官司である六衛府《ろくえふ》を構成した。主な職掌は天皇および平安宮の警備である。

当時、兵衛尉になったのはどのような者であろうか。『小右記』と『御堂関白記《みどうかんぱくき》』には兵衛尉が三五人ほどみえ、そのうちの約三分の二が『尊卑分脈《そんぴぶんみゃく》』に名前が載せられている。その注記によると、ほとんどが最終的には五位以上になっている。しかし、公卿になった者は、七十九歳で非参議《ひさんぎ》三位《さんみ》になった源清延《きよのぶ》しかいない。つまり、兵衛尉になった者の多くは四位・五位までは昇進するが、公卿にはなれないのである。また、彼らの父親の位階はいずれも四位あるいは五位で、公卿は一人もいない。このように、兵衛尉は中級官人層出身者が多く、そのほとんどが父親と同じく四位あるいは五位にはなるが、公卿昇進はきわめてきびしいというポストであった。

次に、兵衛尉になる前後の官職をみると、帯刀《たちはき》や検非違使《けびいし》になっている者が多い。また、流人《るにん》の護送や盗賊の追捕にあたる者もみえる。その一方で、闘乱・傷害事件を起こしている者もいる。兵衛尉は武官なので、こうした武人が多いことはある意味では当然のことであろう。

兵衛尉と武人

このように、兵衛尉には四位・五位の中級官人層出身の武人が多い。『尊卑分脈』によると頼信の父満仲は正四位下、頼信は従四位上であるから、頼信もそれに該当しよう。

二　道兼の家人

伊周との闘乱

次に頼信が史料にみえるのは、『小記目録《しょうきもくろく》』正暦《しょうりゃく》二年（九九一）正月四日の「頭中《とうのちゅう》将《じょう》伊周《これちか》と頼信と闘乱の事」である。『小記目録』は、『小右記』の記事を要約したものなので、詳しい内容は不明である。ただ、伊周と頼信の闘乱とはいっても、本人同士ではなく、おそらくは伊周の従者と頼信の従者が何か争い事を起こしたのであろう。伊周は藤原道隆《みちたか》の子、頼信はこのころ道隆の弟道兼《みちかね》の家人《けにん》であった。そして、道兼は道隆一家を快く思っていなかった。

闘乱の要因

前年の正暦元年五月に藤原兼家が出家し（七月に死去）、兼家は関白の地位を子の道隆に譲った。これに不満を持ったのが道隆の弟道兼である。道兼は、花山《かざん》天皇を退位させる際に活躍したにもかかわらず、関白を譲ってもらえなかったため、父の兼家を恨みに思っていた。『大鏡《おおかがみ》』には、道兼は兼家の喪に服さず、仲間を集めて遊び戯れていたとある。また道隆は、娘の一条《いちじょう》天皇女御《にょうご》定子《ていし》を中宮に、子で二十歳の道頼《みちより》を参議に、十七歳の伊周を蔵人頭《くろうどのとう》にするなど、子供たちの地位を強引に引き上げたが、道兼は権大納言のままであった。こうしたことから道兼は道隆一家にいい感情を抱かず、これが頼信と伊周の闘乱につながったのであろう。

道隆の暗殺計画

『古事談《こじだん》』四—十二に、道兼の家人であった頼信が道隆を暗殺しようとし、兄の頼光《よりみつ》に戒められた話が載せられている。

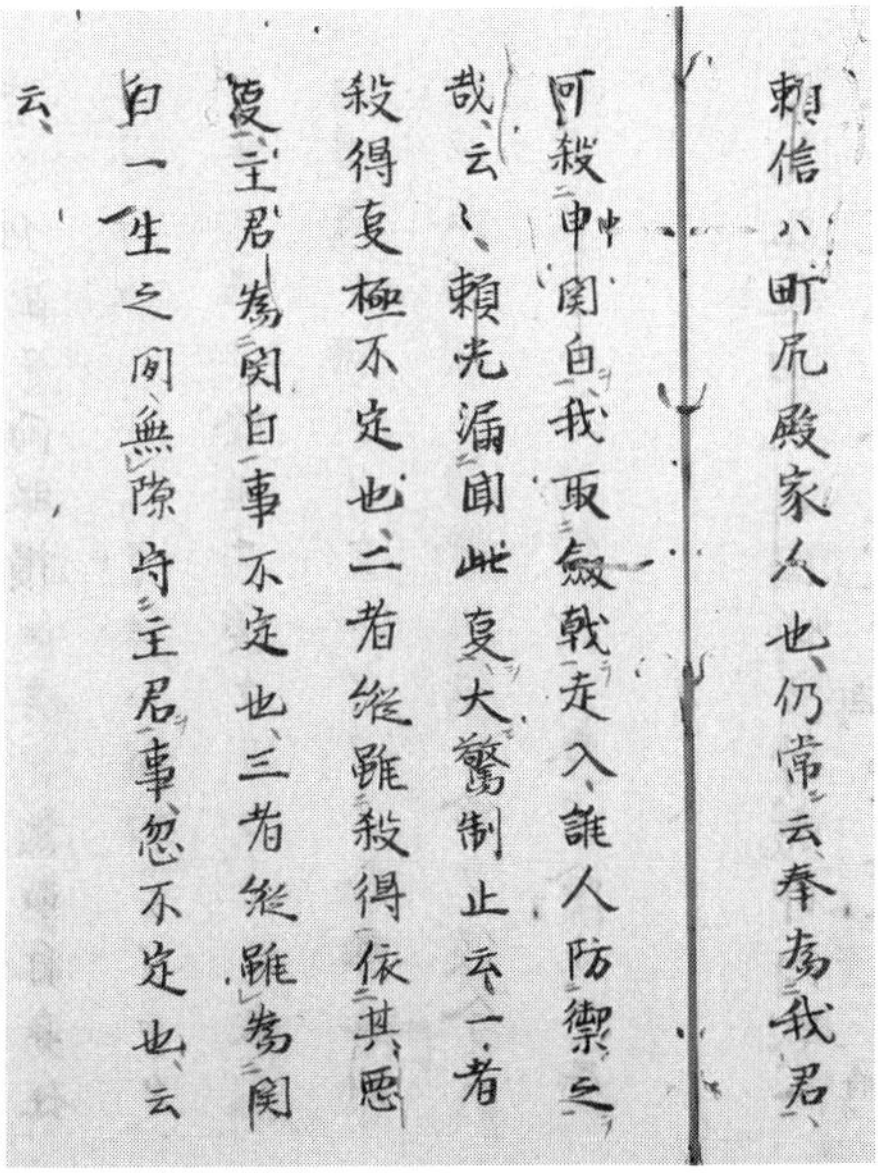
頼信ハ町尻殿家人也、仍常云、奉為我君、
可殺中関白、我取劔戟走入、誰人防禦之
哉云々、頼光漏聞此事、大驚制止云、一者
殺得事極不定也、二者縦雖殺得、依其悪
事、主君為関白事不定也、三者縦雖為関
白、一生之間無隙守主君事忽不定也云
云、

『古事談』巻四（宮内庁書陵部所蔵）

頼信は道兼の家人であった。頼信は、「主人の道兼のために関白道隆を殺さねばならない、私が刀剣で襲えば誰も防ぐことができない」といつも言っていた。頼光はこのことを漏れ聞き、驚いて制止し、「本当に殺すことができるかどうかわからない、たとえ殺すことができても、主人が関白になれるかどうかわからない、仮に関白になれたとしても一生の間ずっと主人の身を守ることができるかどうかわからない」と言ったということだ。

頼信が本当に道隆を殺そうとしたとは考えがたいが、道兼と道隆が不仲であったことは事実だったようであり、この話はそうしたことをもとに作られたものであろう。先の闘乱も、主人の道兼と同様、道隆一家に反発した頼信が、なんらかの事情で伊周と衝突して起きたのではないだろうか。

もう一人の頼信

正暦二年の頼信と伊周の闘乱について述べてきたが、実はこのころ藤原氏にも頼信という名の武人がおり、これまで源頼信と混同されることが多かった（横澤大典「源頼信」）。伊周と争ったのは、あるいはこの藤原頼信だったかもしれないので、ここでもう一人の頼信について述べておくことにしたい。

道長家人の藤原頼信

藤原頼信は『尊卑分脈』に名前がみえないので、藤原氏のどの系統かはわからない。

寛弘《かんこう》元年（一〇〇四）に左衛門尉《さえもんのじょう》とみえ、翌年検非違使になった。寛弘三年には、乱闘事件を起こした者を捕らえ、獄舎に入れているので、かなりの武人であった。一方で、藤原道長《みちなが》に仕え、寛弘五年四月の道長の賀茂《かも》詣《もうで》に従い、同年九月には道長の娘彰子《しょうし》の生んだ敦成《あつひら》親王（のちの後一条《ごいちじょう》天皇）の生誕儀礼に五位として奉仕している（『御産部類記《ごさんぶるいき》』）。この時は娘も女房として奉仕している（『紫式部日記《むらさきしきぶにっき》』）。その後、寛仁《かんにん》三年（一〇一九）に石見守に任じられた時には、藤原実資《さねすけ》が「入道殿（道長）近習者《きんじゅうのもの》」と記しているので（『小右記』寛仁三年七月八日条）、道長の側近の一人だったようである。

藤原頼信と源重信

藤原頼信は『今昔物語集《こんじゃくものがたりしゅう》』二十七―十二にもみえている。これは左大臣源重信《しげのぶ》が朱雀院《すざくいん》に方違《かたたが》えした際、重信に仕えていた頼信が朱雀院へ先に遣わされたが、鬼のために食料袋の中身を盗られたという話である。この話によると、この時頼信は滝口《たきぐち》であった。頼信は公的には滝口だが、一方で重信の家人だったらしい。重信は長徳《ちょうとく》元年（九九五）に七十四歳で亡くなっているので、その後頼信は道長に仕えるようになったのだろう。重信の兄雅信《まさのぶ》は道長の義父であり、そうした関係から道長のところに移ったのかもしれない。滝口は出身身分の低い者が多いので、検非違使、さらに受領になることは珍しい。道長に仕え、その「近習者」になったことにより、頼信は滝口出身者としては異例の出世をとげたといえよう。

伊周との闘乱事件があった正暦二年正月、七十歳の重信は大納言であった。重信はその年の九月に右大臣、正暦五年に兄の雅信のあとを受けて左大臣となっている。重信はすでに高齢で、かつ道隆と対立していた様子もないので、当時の状況を考えると、伊周と争ったのは藤原頼信ではなく源頼信であろう。ただ、藤原頼信は、滝口、検非違使になるような武人なので、何か偶発的なことから伊周の従者たちと争いになった可能性もないわけではない。

冷泉院判官代となる

ところで、源頼信が仕えていた可能性がある人物がもう一人いる。それは冷泉院《れいぜいいん》（冷泉上皇）である。冷泉院は、安和《あんな》二年（九六九）に退位して上皇となり、寛弘八年に六十二歳で死去する。『尊卑分脈』の注記によると、頼信は冷泉院判官代《ほうがんだい》であった（上皇に仕え、院中の諸事をつかさどる職員を院司《いんし》といい、別当《べっとう》・判官代・主典代《しゅてんだい》などからなる）。もちろん、それだけでは史料的根拠として不十分だが、頼信周辺の人物をみていくと、『尊卑分脈』の頼信に付された「冷泉院判官代」という注記があながち不自然ではないことがわかる。

兄頼光と冷泉院

一人目が頼信の兄頼光である。頼光も『尊卑分脈』の注記に「冷泉院判官代」とある。頼光は永延二年に春宮大進《とうぐうだいしん》であった。この時の春宮は居貞《おきさだ》親王、すなわち冷泉院の子で、のちの三条《さんじょう》天皇である。頼光は居貞親王が三条天皇として即位すると内蔵頭《くらのかみ》（内蔵寮の長官）になる。内蔵寮は、御服《ぎょふく》のほかに宝器、履《くつ》、櫛《くし》など天皇周辺の諸雑具の出納や調進を担当する官司である。そして、退位後、頼光は三条院別当となっている。このように、頼光は三条天皇の身近に仕えており、したがってその父の冷泉院の判官代であってもなんらおかしくはないのである。

弟頼範・子頼義と冷泉院

二人目が頼信の弟頼範《よりのり》である。頼範は寛弘八年に右衛門少尉、長和《ちょうわ》四年（一〇一五）に右衛門尉検非違使とみえるが、三条天皇退位時に院蔵人《いんのくろうど》となり、三条院に仕えた。

三人目が頼信の子頼義《よりよし》である。頼義は『尊卑分脈』の注記に「小一条院《こいちじょういん》判官代」とある。小一条院は三条天皇の第一皇子敦明《あつあきら》親王のことである。敦明親王は、後一条天皇の即位により春宮となったが、道長の圧力を受けて辞任に追い込まれ、そのかわりに小一条院として上皇に準じる地位を与えられた。『古今著聞集《ここんちょもんじゅう》』三百三十四には、小一条院が頼義を身辺から手放さなかったとある。また、頼義は小一条院の推挙により長《ちょう》元《げん》九年（一〇三六）に相模守となっているので、頼義が小一条院の判官代だったことは事実とみてよいであろう。

このように、頼信の兄頼光と弟頼範は冷泉院の子三条天皇に、頼信の子頼義は冷泉院の孫小一条院に仕えていた。こうしたことからすると、頼信が冷泉院の判官代であった可能性は十分にある。ただ、冷泉院は上皇であった期間が長いので、そのいずれの時期に頼信が判官代をつとめていたかは定かでない。

三　大索への動員

大索と衛府

正暦五年三月、頼信は大索《おおあなぐり》に召し出された。大索は捜盗《そうとう》ともいい、平安京で群盗が横行した時などに行われる大規模な盗賊捜索である。大索は衛府、検非違使などによって九世紀前半から行われていた。承和《じょうわ》四年（八三七）十二月二日、五日に内裏、二十一日に大蔵省と、続けて盗賊が入ったため、二十二日に六衛府による大索が行われた。貞《じょう》観《がん》七年（八六五）五月には、囚人六人が脱獄したので、二十四日と二十五日に左右京で衛府による大索がなされた。また、延長《えんちょう》三年（九二五）五月には京内に群盗があらわれたので、検非違使や衛府が大索を行っている。

衛府機能の低下

このように大索は衛府や検非違使など平安京の軍事警察官司が行っていたのだが、十世紀になるとその中心であった衛府の機能が次第に低下する。延喜《えんぎ》十四年（九一四）の三善《みよし》清行《きよゆき》「意見十二箇条《いけんじゆうにかじよう》」では、本来は在京せねばならない衛府の舎人《とねり》が無断で出身国に戻っていることが問題とされている。天暦《てんりやく》二年（九四八）、永祚《えいそ》元年（九八九）には欠勤者を解任するなどの措置がとられているが、衛府舎人の勤務状態はあまり改善されなかった。そのため、内裏警護が本来の職掌である滝口や頼信などの武人が大索に動員されるようになるのである。

大索の概要

大索のことは『西宮記《さいきゆうき》』（十世紀末ころ成立）や『北山抄《ほくざんしよう》』（十一世紀初ころ成立）などの政務儀式書にみえている。それらによると、前日に六衛府の官人に卯《う》一点（午前五時）に弓矢を持ち舎人を率いて集合すること、左右馬寮《めりよう》と諸家に対して馬を建礼門《けんれいもん》（内裏正面入口の門）の前に牽《ひ》くことが命じられる。また、検非違使に逢坂《おうさか》、宇治《うじ》、大枝《おおえ》など京周辺の関《せき》を固めるよう指示がなされる。当日は衛府舎人のほかに滝口と武人（「諸司官人の武芸に堪ふる者」）も召し加え、彼らに馬寮と諸家の馬が与えられる。そして、公卿から嫌疑者を捜し捕らえるよう命令が下され、あらかじめ定められたそれぞれの担当地域へ捜索に向かう。捜索は京内だけでなく周辺の山々でも行われる。これにあわせて宮中諸司でも蔵人所《くろうどどころ》による捜索がなされる。捜索が終われば衛府の官人や舎人たちは帰参し、結果を報告する。

武人の動員

こうした大索への武人の参加が史料上で確認できるのは、貞元《じょうげん》元年（九七六）三月が最初である。また、村上《むらかみ》朝（九四六〜九六七）に成立した政務儀式書である『新儀式《しんぎしき》』には武人のことはみえないので、大索に武人が動員されるようになるのは十世紀後半のことであろう。

こうした大索への武人の動員は、衛府や検非違使の任務である京都の治安維持機能の一端を武人が担うようになったことを意味する。つまり、武人の私的武力を公的な軍事警察力として利用したことになるのだが、そのことを過大に評価することはできない。大索は十世紀後半に十五回ほど行われている。しかし、『北山抄』に「或いは滝口武者を加へ、また諸司官人の武芸に堪ふる者を召し加ふ」とあるように、毎回武人が召集されていたわけではない。また、正暦五年の大索時の担当場所をみると、六衛府や馬寮が左右京だったのに対し、武人は山々であり、盗賊捜索の主体はあくまで六衛府や馬寮だったことがわかる。

大索の儀式化

そして、大索自体も十一世紀になると行われなくなる。これは、当初は盗賊の大規模一斉捜索として意味を持っていたが、次第に儀式化して実質的な効果がなくなったためであろう。大索終了後には結果を報告するのだが、『西宮記』に「当条を捜し求むるに嫌疑の者候はず」と、その言葉があらかじめ書かれてあるのは、大索がそのころには儀式化していたことを示していよう。

さらに、平安京の盗賊対策としては、大索のほかに夜行《やぎょう》という夜間の巡視が九世紀以来なされていた。これも担当したのは衛府や検非違使だったが、これには十世紀後半になっても武人は動員されていない。夜行は十一世紀になっても続くが、武人の参加はみられない。

このように、頼信のころは、武人が京都の治安維持に動員されたとしても、それは一時的・限定的なものに留まっていた。院政期になると武人の持つ私的武力が中央の軍事警察において不可欠のものとなるが、このころはまだその端緒がみられたにすぎないのである。

四 長徳の変

疫病の流行

頼信も参加した大索が行われた正暦五年は疫病（赤斑瘡《あかもがさ》＝麻疹《はしか》）が大流行した年であった。この疫病は九州から全国に広まり、とりわけ人口密度の高い平安京で猛威を振るい、身分の上下を問わず多くの人々が命を落とした。政府は寺院での読経、神社への奉幣《ほうべい》を盛んに行ったが、その効果もなく、四月から七月までに五位以上の官人が六十七人も亡くなった。一般庶民の状況はさらに悲惨で、屋外に放置された病人を検非違使が収容しても間に合わず、路上には死骸が満ちあふれた。そのため、人々は鼻をふさぎながら道を行き来せねばならないほどであった。

道隆・道兼の相次ぐ死

疫病は翌年の長徳元年も続き、この年には公卿も約半数が亡くなっている。その一人が四月十日に死去した関白藤原道隆である（実際の死因は糖尿病だった可能性が高い）。道隆は正暦元年に父兼家の跡を継ぎ、三十八歳で摂政となった。その後関白となり、娘の定子を一条天皇の中宮とするなど、長期政権になるかと思われたが、五年で幕を閉じてしまった。道隆の次には弟の右大臣道兼が関白となった。道隆の子の伊周も意欲を示したが、一条天皇が関白に指名したのは道兼であった。道兼は待ち望んでいた関白の座をようやく手に入れることができた。ところが、皮肉にも任命からわずか十日で疫病のため亡くなってしまった。いわゆる「七日関白」である。

伊周と道長の争い

道兼が亡くなった五月八日には左大臣の源重信も死去した。関白、左大臣、右大臣だった三人があいついで亡くなるという異例の事態である。こうしたなか、次の政権の座

伊周・隆家兄弟の失脚

陣定（公卿会議）復元図（京都大学総合博物館提供）

を争ったのが道隆の子伊周と道隆の弟道長である。この時伊周は二十二歳で内大臣、道長は三十歳で権大納言であった。一条天皇は判断に迷ったが、五月十一日、道長に内覧《ないらん》宣旨《せんじ》が下され（内覧は関白に準じる地位）、翌月には右大臣に任じられた。『大鏡』によると、道長を推したのは一条天皇の母で道長姉の東三条院詮子《ひがしさんじょういんせんし》であった。

その後も伊周と道長の争いは続き、七月には陣定《じんのさだめ》（公卿会議）の場で両者がつかみかからんばかりの口論に及んだ。こうした対立がおさまらないなか、翌年正月に伊周・隆家《たかいえ》兄弟が花山法皇に矢を射かけるという事件が起きる。これは、伊周が通っている女性に花山法皇も通っていると伊周兄弟が誤解したことによるものであった。さらに、伊周が東三条院詮子を呪詛《じゅそ》したこと、天皇にのみ許されている修《しゅ》法《ほう》である太元帥法《たいげんのほう》を伊周が私的に修したことも発覚した。この結果、伊周・隆家兄弟は失脚し、伊周は大宰権帥、伊周は出雲権守に左遷された。そして、道長は左大臣となり、政権の座についた。この政変を長徳の変という。

武人の招集

伊周兄弟の左遷人事が行われた四月二十四日は、早朝から内裏の諸門が閉じられ、厳重な警備体制がしかれた。内裏東南の鳥曹司《とりのぞうし》には五位以下の武人も集められた。『栄花《えいが》物語《ものがたり》』巻五によると、この時召されたのは平維叙《これのぶ》、同維時《これとき》、源頼光、同頼親《よりちか》らであった。もちろん、この左遷人事は道長が主導したものなので、集められたのはいずれも道長方の武人と考えられる。頼信の名はみえないが、頼光・頼親の兄二人が召され、また道兼と対立した伊周に味方したとは考えられないので、頼信の立場も同じであろう。つまり、頼信は道兼の家人だったが、道兼の死後は道長に従うことにしたと思われる。

以上、本章では、叙爵から長徳の変までの頼信について述べた。頼信は藤原道兼の家人だったが、冷泉院にも仕えていた可能性がある。また、闘乱事件を起こし、大索に召し出されるなど、このころの頼信には武人としての活動が多くみられた。次章では、受領時代の頼信をみていきたい。

第五　受領時代の頼信

一　上野国受領の時代

上野国府

長徳《ちょうとく》の変の後、頼信は上野《こうずけ》国の受領《ずりょう》となる。受領とは、現地に赴いた国司の最上級者のことである。通常は守《かみ》だが、守が在京の場合は介《すけ》が受領となる。

上野国の国府《こくふ》（国の諸行政機関の所在地）は古くから群馬県前橋市元総社《もとそうじゃ》町付近といわれてきた。ここには総社神社があり、その北西部には関越自動車道をはさんで国分二寺《こくぶんにじ》（国分僧寺と国分尼寺）が所在する。近年、付近の遺跡で「国厨《くにのくりや》」「曹司《そうし》」など国府の施設名が書かれた墨書土器《ぼくしょどき》（墨で文字の書かれた土器）が見つかったことにより、現在は総社神社から関越自動車道の一帯が国府の範囲と推定されている。国府の中心である国庁《こくちょう》（国司が政務や儀式を行った建物）はまだ見つかっていない。

上野介の任期

頼信が上野介（上野国は親王任国《しんのうにんごく》なので介が受領となる）になったことは、藤原道長《みちなが》の日記

任命の理由

総社神社

『御堂関白記《みどうかんぱくき》』長保《ちょうほう》元年（九九九）九月二日条に「上野介頼信が馬五匹を贈ってきた、一匹は頼通《よりみち》の分である」とあることからわかる。上野国は長徳三年（九九七）に受領が交替しており、かつ長保三年に新しい受領が赴任しているので、頼信は長徳三年に上野介に任じられ、任期は長保二年までの四年であったと考えられる。

頼信が長徳三年に上野国の受領になったのはいかなる理由によるのであろうか。国によって違いはあるが、当時は受領になると多くの収入を得られるので、四位・五位クラスの中級官人には受領任官希望者が数多くいた。そう

道長との関係

表　長徳年間の受領人事（道長関係者のみ）

任年	国名	氏名	備　考
長徳2年(996)	近江	源則忠	東三条院（詮子）別当
	越前	源国盛	道長乳母子
	播磨	源時明	東三条院（詮子）別当
	美作	大中臣輔親	皇太后宮（詮子）権少進
3年(997)ヵ	相模	平倫範	長徳の変時の検非違使，伊周入京を密告
	常陸	平維叙	長徳の変時に内裏警護
4年(998)	大和	源孝道	長徳の変時の検非違使
	甲斐	源高雅	道長家司

したなかで受領に任じられるためには、官人としての実績だけでなく、権力者とのつながりが重要であった。そこで、長徳年間に新たに受領となった者を調べてみると、やはり道長関係者が目立っている（表参照）。源孝道《たかみち》と平倫範《とものり》は長徳の変時の検非違使《けびいし》で、伊周《これちか》や伊周家司《けいし》宅の捜索にあたっている。また、平倫範は流《る》罪《ざい》になった伊周が入京したことを密告している。平維《これ》叙《のぶ》は、先述したように、長徳の変の際に内裏警護にあたっている。この三人の受領任官は長徳の変の論功行賞であろう。

源高雅《たかまさ》は道長家司、源国盛《くにもり》は道長の乳母子《めのとご》、源則忠《のりただ》、源時明《ときあき》、大中臣輔親《すけちか》はいずれも道長の姉詮子の関係者である。長徳元年の道長の内覧《ないらん》就任は、詮子の後援によるところが大きいので、これらは詮子の意向をうけての受領人事であろう。

頼信の場合も、道兼《みちかね》の死後は道長に仕えてなんらかの貢献をしたことによる受領任官とみておきたい。もちろん、長徳年間に受領となった者のすべてが道長関係者ではないので、頼信が上野国の受領になったのは、兵衛尉《ひょうえのじょう》や大索《おおあなぐり》などでの働きが認められたためとも考えられる。

坂東諸国の治安状態

数多くある国の中で頼信が任じられた国が上野国だったのは、やはり彼が武人だからであろう。東海道足柄《あしがら》坂以東の相模・武蔵《むさし》・安房《あわ》・上総《かずさ》・下総・常陸《ひたち》、東山道碓氷《うすい》坂以東の上野・下野《しもつけ》の八ヵ国を坂東八国《ばんどうはちこく》というが、これら坂東諸国は九世紀末以降群盗の活動が盛んな地域であった。昌泰《しょうたい》二年（八九九）の太政官符《だじょうかんぷ》（太政官の下達文書）によると、「僦馬《しゅうば》の党《とう》」と呼ばれる群盗化した輸送業者が東海道と東山道を股にかけて機動的で広範囲にわたる略奪行為を働いていた（『類聚三代格《るいじゅうさんだいきゃく》』同年九月十九日官符）。そして、天慶《てんぎょう》二年（九三九）には平氏一族の私闘が発展して平将門《まさかど》の乱が起きる。平氏の内紛は十世紀後半になっても収まらず、長保五年には平維良《これよし》が下総国府を焼き討ちする。

このように、坂東諸国では国内の治安維持が最重要課題となっており、そのため当時の坂東諸国の受領は押領使《おうりょうし》を兼ねることが一般的だった。押領使は国内の治安維持を担当する職で、坂東諸国のように受領が兼任する場合と地方豪族がつく場合とがあった。

上野国押領使

頼信が上野国押領使を兼ねたことは、頼信の二代あとに上野介となった橘忠範《ただのり》の諸国《しょこく》申請雑事《しんせいぞうじ》からわかる。諸国申請雑事は、受領が政府に対して行う地方政治に関するさまざまな申請で、寛弘《かんこう》二年（一〇〇五）に忠範が政府へ提出した申請雑事が残っている（『平《へい》安遺文《あんいぶん》』二—四三九号）。それによると、忠範は上野国押領使を兼ね、随兵《ずいへい》二十人を賜ることを申請し、認められている。なお、随兵は治安維持の要員だが、「随兵・郎等《ろうとう》」とあり、受領個人の従者である郎等と区別されているので、随兵は国内の武勇者たちから選ばれたのであろう。

押領使兼任

この押領使の兼任や随兵の下賜は「前例《ぜんれい》」に任せて許可された。したがって、忠範だけではなく以前から行われていたことであり、頼信も上野介になった時に押領使を兼ね、随兵二十人が下賜されたとみてよいであろう。

坂東諸国の受領が自国の押領使を兼ねたのは、他国の受領に自国の押領使を兼ねられるのを防ぐという消極的な理由もあったが（『北山抄《ほくざんしょう》』巻十吏途指南《りとしなん》・臨時申請雑事）、武人である頼信の場合は、押領使の地位を活用して積極的に群盗追捕などを行い、治安の維持につとめていたのではないだろうか。

国内の様子

頼信が赴任したころの上野国の様子がわかるのが「上野野国交替実録帳《こうずけのくにこうたいじつろくちょう》」（『平安遺文』

九―四六〇九号)である。これは長元《ちょうげん》三年(一〇三〇)の受領交替時に作成されたもので、そこには、かつて国郡の倉庫に貯積されていた多くの稲穀《とうこく》が失われていること、田図《でんず》・戸籍《こせき》など班田《はんでん》収授や調庸《ちょうよう》収取に必要な基本帳簿や、弓矢《ゆみや》・大刀《たち》・甲冑《かっちゅう》など武器・武具類も多くが失われ、残っていた一部のものも長徳三年正月の火事で焼失したことなどが記されている。長徳三年正月は頼信が赴任する直前であり、火事のためそれらは最終的にすべて失われたのである。もっとも、十世紀後半から地方の行政や軍制はそれまでとはまったく異なったかたちになっているので、それらのものがなくなったとしても、頼信の国内統治にさしたる影響はなかったであろう。

道長への献馬

上野国の受領となって三年目の長保元年九月、先述の通り頼信は藤原道長に馬四匹、子の頼通に馬一匹を献じる。受領から道長への馬の献上は珍しいことではない。次頁の表は、『御堂関白記』からそうした献馬の記事を集めたもので(任期終了後の献馬を含む)、とりわけ東国の受領から数多くの馬が道長に献じられていたことがわかる。ちなみに、頼信以降、平重義《しげよし》、橘忠範、平維衡《これひら》、平維叙、藤原定輔《さだすけ》が上野国の受領となるが、いずれも道長に馬を献じている。頼信以前のことは『御堂関白記』のような史料がないので不明だが、少なくとも頼信以降は上野国の受領が道長に馬を献じることは慣例化してい

表　道長への献馬

年月日	献上者	国名	匹数	備　考
長保元.8.22	(藤原ヵ) 道経	越後	3	
元.9.2	源頼信	上野	4	頼通に1匹
元.9.5	藤原済家	駿河	2	任期終了後
元.10.11	源為憲	美濃	2	
元.10.19	藤原寧親	武蔵	6	
元.11.9	藤原尚賢	越後	2	
元.11.9	藤原寧親	武蔵	1	
元.12.26	源満正	陸奥	10	
寛弘元.正.25	源教忠	越前	2	
元.9.3	平維叙	常陸	1	任期終了後
元.9.24	橘道貞	陸奥	4	
元.9.27	平重義	上野	3	頼通に1匹
元.閏9.11	平季信	出羽	10	
元.閏9.15	源為文	越後	4	頼通に1匹
元.10.9	藤原惟風	武蔵	1	任期終了後
元.10.21	平重義	上野	—	
元.10.22	源済政	信濃	4	
元.10.25	高階明順	伊予	2	頼通に1匹
元.10.30	源忠良	下総	2	
元.12.27	源満正	陸奥	10	任期終了後
2.正.4	藤原高扶	駿河	2	
2.正.19	源満正	陸奥	—	任期終了後
2.8.29	橘忠範	上野	5	
4.11.8	藤原輔公	参河	—	
5.正.17	藤原高扶	駿河	2	頼通・教通に各1匹
6.10.15	藤原信経	越後	10	
7.11.25	平維衡	上野	10	任期終了後ヵ
7.11.28	藤原済家	陸奥	20	
8.4.13	平維衡	上野	10	
長和元.8.3	藤原済家	陸奥	2	

元.9.9	藤原挙直	信濃	4	死後，子の以道が献上
元. 閏 10.12	藤原済家	陸奥	2	
元. 閏 10.17	平維叙	上野	10	
元. 閏 10.23	源親平	出羽	6	
元. 閏 10.23	源頼信	常陸	10	任期終了後
2.4.19	藤原公則	信濃	10	
2.12.28	藤原済家	陸奥	5	
4.7.15	藤原済家	陸奥	20	任期終了後
4.10.2	藤原公則	信濃	2	
5.10.15	源忠孝	駿河	10	
5.10.19	平維時	常陸	40	
5.10.22	藤原貞仲	陸奥	10	
5.10.24	藤原順時	加賀	2	
5.11.9	永道輔範	伊豆	4	
寛仁元.9.17	源保任	甲斐	10	
元.9.17	平維叙	上野	1	任期終了後
元.9.18	藤原済家	陸奥	2	任期終了後
元.10.7	源道成	信濃	6	頼通に4匹
元.10.21	藤原定輔	上野	10	頼通に5匹
元.11.15	大中臣宣茂	出羽	10	
元.12.3	藤原貞仲	陸奥	4	
2.4.15	源道成	信濃	1	
2.4.18	源忠重	駿河	2	
2.5.22	平維時	常陸	20	
2.10.11	源忠重	遠江	10	

表　御牧・諸国牧の数と貢馬数

	御牧		諸国牧	
	牧数	貢馬数	牧数	貢馬数
遠江				4
駿河			2	
甲斐	3	60		
相模			1	4
武蔵	4	50	1	10
安房			2	
上総			1	10
下総			4	4
常陸			1	10
信濃	16	80		
上野	9	50		45
下野			1	4

たといえよう。

上野国をはじめとする東国は古くから馬の産地であった。奈良時代には、諸国の牧で生産された馬は、軍事用としてその国の軍団に配備されるとともに、都にも多くの馬が送られていた。しかし、八世紀末ころから諸国の牧からの馬の貢進《こうしん》は滞るようになる。そこで政府は、貢進馬を確保するため、甲斐・武蔵・信濃・上野の四ヵ国に中央（左右馬寮《めりょう》）直轄の御牧《みまき》を設けて重点的に整備し、それ以外の牧を諸国牧《しょこくのまき》とした。表は『延喜式《えんぎしき》』にみえる東国に置かれた御牧・諸国牧の数、および貢馬数である。こうした牧の再編成により、御牧からはその後も馬が貢進され、都周辺の牧で飼養されたのち、左右馬寮に集められ、宮中の年中行事や諸社の祭礼などに用いられた。だが、諸国牧は九世紀を通して衰退し、御牧からの馬の貢進も十世紀後半からは次第に途絶えがちとなった。

受領の経済的奉仕

一方で、盛んになるのが、受領から道長などの権力者への馬の献上である。七〇〜七一頁の表にあるように、道長のもとには多くの馬が集められていた。これらの馬はさまざまな儀式に際して公卿などに分与されるほかに、年中行事や諸社祭礼にも用いられた。従来はそうした馬は左右馬寮から供給されていたのだが、御牧から貢進される馬が減少したため、その不足分を道長が補っていたのである。

十世紀後半になると国家の財政構造が大きく変容し、諸国から中央政府に貢納される租税が減少するのに対し、受領による権力者への経済的奉仕、すなわちさまざまな諸国の物産が権力者に献上されるようになる。かつては、こうした経済的奉仕は賄賂的なものとされていたが、実際にはそれらが国家的な経費にあてられていたことが近年の研究で明らかになっている。御牧からの馬の貢進が減る一方で、権力者への馬の献上が盛んになり、そこから宮中の年中行事や諸社の祭礼に必要な馬が供出されていたのも同じことである。もちろん、馬の献上に賄賂的な意味がなかったわけではないが、それは十世紀後半以降の国家財政構造の変容と深く関わるものだったのである。

二　常陸国受領の時代

上野介の任期を終えた頼信は、次に常陸介に任じられた（常陸国も親王任国なので介が受領となる）。

常陸国府

常陸国の国府は茨城県石岡市《いしおか》にあり、国府の中心である国庁の建物跡が同市の石岡小学校の敷地内から見つかっている。八世紀前半の国庁は、掘立柱塀《ほったてばしらべい》で囲まれた一辺約百《メートル》の空間のやや北寄りに正殿《せいでん》、東西にそれぞれ二棟の脇殿《わきでん》がある。国庁はその後同じ場所で何回も建て替えられるが、十世紀になると建物の数が大きく減少し、十一世紀代には廃絶することが発掘調査でわかっている。なお、国庁の北には国分二寺や国衙《こくが》工房跡（鹿《か》の子《こ》C遺跡）がある。

国土荒廃と租税免除

このころの常陸国は、相模・安房・上総・下総国とともに「亡国《ぼうこく》」（『小右記』長元元年八月二十二日条）とされ、都へ送る租税が二年分免除されていた。これらの国々は平将門の乱により国土が荒廃し、その後も戦乱の打撃から立ち直れず、生産力の低い状態が長く続いたためである。したがって、これらの国々は受領収入もあまり期待することはできなかった。

赴任時の加階

常陸国については、二年分の租税免除に加えて、任地が「亡国」であるため、受領赴任時の加階《かかい》（位階を上げること）が恒例となっていた（『北山抄』巻十吏途指南・臨時申請雑事）。たとえば、寛仁《かんにん》三年（一〇一九）に常陸介となった藤原惟通《これみち》は同年四位に叙されている。万寿《まんじゅ》元年（一〇二四）に常陸介となった藤原信通《のぶみち》の場合は、自身の加階を辞退し、代わりに子の永職《ながもと》の叙爵を申請し認められている。頼信は永延《えいえん》元年（九八七）に従五位下、長元四年に従五位下になっているので、常陸介に任じられる前に従五位上になっていれば正五位下に、なっていなければ従五位上に加階されたものと思われる。

常陸国庁跡

兼官

さらに、かつて常陸国では、受領を優遇するため、ほかの官職を兼ねることも認められていた。天元《てんげん》五年（九八二）に常陸介となった満仲が馬寮の権守を兼ねたことは先述したが、それはこうした事情によるものである。

常陸介の任期

頼信は長和《ちょうわ》元年（一〇一二）閏十月に前常陸介として道長に馬を献上しているので、それまでには常陸介の任期を終えていたことになる。頼信以前の常陸介には平維叙と橘行平《ゆきひら》がいるが（平維叙は長保元年、橘行平は長保四年に常陸介とみえる）、平維叙は長徳二年四月に内裏警護にあたり、橘行平は寛弘二年に因幡守《いなばのかみ》となっているので、平維叙と橘行平がともに常陸介を四年間つとめたとすると、それぞれの任期は長徳三年～長保二年、長保三年～寛弘元年となろう。一方、頼信以後の常陸介として藤原通経がいるが、彼が常陸介になったのは寛弘八年である。以上のことから、頼信が常陸介だったのは寛弘二年から同七年の間となるが、そのうちのいずれの期間かはわからない。

坂東諸国と武人受領

頼信の任国は今回も坂東の国であった。いくつもの国の受領をつとめた者は多くいるが、頼信のように坂東の二ヵ国で受領となった者は少ない。道長が政権を担っていた長徳～万寿年間（九九五～一〇二七）に限れば、頼信のほかは平維衡（上野・常陸）と平維叙（常陸・上野）の二人だけである。維衡、維叙はともに平貞盛《さだもり》の子で、著名な武人である。坂東の二ヵ国で受領となった三人がいずれも武人なのは、やはり坂東諸国では治安維持が重要視されたためであろう。三人のうち維衡と維叙は坂東を本拠地とする平氏の出身であり、地域における影響力に期待しての登用と考えられる。頼信の場合はそうした地盤はなかったが、上野介の任を終えたあと再び同じ坂東の常陸国受領になったのは、上野国で治安維持に尽力し、その功績が評価されたためであろう。そして、上野・常陸国の受領をつとめたことによって、頼信は坂東の地域情勢に詳しくなり、それが平忠常の乱での追討使起用につながったのではないだろうか。

平忠常との争い

『今昔物語集《こんじやくものがたりしゆう》』二十五―九に、次のような話がみえている。

頼信が常陸介だった時、下総国に平忠恒《ただつね》（忠常）という豪族がいた。忠恒は上総・下総両国に大きな勢力をもち、租税も納めなかった。また、頼信の命令もきかなかったので、頼信は忠恒を討つことになった。頼信は兵二千、常陸国の豪族平惟基《これもと》（維幹）も兵三千を率いて鹿島《かしま》社の前で合流した。ただ、鹿島社の前には内海が広がっており、岸辺を迂回すると忠恒の根拠地まで七日かかった。一方、内海を渡るためには船が必要だったが、忠恒はそれを察して渡しの船をすべて隠していた。兵たちは迂回するしか方法はないと考えたが、頼信は、「この内海には浅瀬があると家の伝えで聞いている、そこを通れば対岸に渡れるはずだ」と言った。この浅瀬の道のことは数人の兵も知っており、その兵の案内で頼信たちは内海を渡ることができた。忠恒は、迂回して来るまでには時間があるので、その間に逃げるつもりでいた。ところが、急に頼信がやってきたので、目算が外れ、降伏した。これをみて、頼信も攻撃を中止し、兵を引き上げた。

頼信は長元元年に起きた平忠常の乱で忠常を降伏させるが、この話はその約二十年前の頼信が常陸介だった時の出来事としている。この話が事実を反映したものとすると、常陸介の時代に頼信は隣国の忠常と争い、忠常を臣従させたことになる。

平維幹と忠常

頼信に協力した平維幹は、平貞盛の弟繁盛《しげもり》の子で、多気大夫《たけだいふ》とも呼ばれ、筑波《つくば》郡一帯を本拠とする常陸国の豪族だったが、忠常とは親の代から敵対関係にあった。寛和《かんな》三年（九八七）正月二十四日の太政官符によると、維幹の父繁盛が大般若経《だいはんにゃきょう》六百巻を写して比叡山延暦寺に奉納しようとしたところ、忠常の父忠頼《ただより》が武蔵国でそれを妨害した（『続左丞《ぞくさじょう》抄《しょう》』）。『今昔物語集』のなかで忠常が維幹を「先祖の敵」としているのは、忠常と維幹との対立が親の代から続いていたからである。

『今昔物語集』はあくまで説話なので、そのまま歴史史料として扱うことには慎重であらねばならないが、この説話は頼信が常陸介時代に維幹と忠常の双方に影響力をもつようになったことを示しており、頼信が平忠常の乱を鎮めることができた要因の一つとして非常に興味深い。

『今昔物語集』にはもう一つ頼信と平忠常とのつながりを示唆する話がある。平貞道《さだみち》が頼信に依頼されて駿河国の男を殺すという話である（二十五―十）。

忠常の叔父忠道と頼信

貞道は頼光《よりみつ》の郎等だったが、頼光の家で酒宴が催された時、無礼をはたらいた駿河国の男を殺すよう頼信から命じられた。貞道は頼信に仕えているわけではないので、はっきりとは返事をしなかった。その後貞道が東国に下った時、その男とばったり出会った。貞道は最初はその男を討つつもりではなかったが、「たとえ私を討とうと思っても私ほどの腕利きを討つことはできまい」とその男がよけいなことを言ったため、貞道はいったんは別れたが引き返してその男を射殺した。貞道はその首を持って京に上り、頼信に奉った。

ここにみえる平貞道は平忠常の叔父の忠道《ただみち》と同一人とされている。そうすると、忠常の叔父忠道は頼光に仕え、頼信とも顔見知りだったことになる。この話は頼信が常陸介になる前か後かは不明だが、忠道を介して忠常とつながりがあった可能性を示す話といえよう。

受領功過定

頼信は常陸介の任期を無事に終えたようだが、その後の受領功過定《ずりようこうかさだめ》は順調にはいかなかった。このころの受領は、任期を終えると任国での財政運営に問題がなかったかどうかを陣定《じんのさだめ》で審査されることになっていた。これを受領功過定といい、この審査に合格しないと受領は次の官職につくことができなかった。受領は任期終了後、早い場合には一、二年のうちに受領功過定で合格となるのだが、頼信は任期を終えて八年以上経った寛仁三年になっても、まだ受領功過定が続いていた。

受領功過定の書類

受領功過定の場に提出される書類は大きく二つに分かれる。一つは、諸国から都へ送られるさまざまな租税が規定通り納められているかどうかを調べた書類（主計《しゆけい》・主税大勘《しゆぜいおおかん》文《もん》など）である。受領の任期は普通は四年なので、受領功過定では四年分の租税の納入状況が審査される。ただし、このころの常陸国は二年分の租税納入が免除されていたので、頼信が都へ送る租税は二年分だけでよかった。

もう一つが、国内の諸官物の保全状態、具体的には国郡に置かれた倉庫の稲穀、国郡の役所の諸建物、さらには主要寺院・神社の建物や所有物などが任期中に減少や破損をしていないかどうかを調べた書類（勘解由大勘文《かげゆおおかんもん》など）である。

交替欠と神社修造

頼信は、前者の中央貢進物の審査は早くに終わったようだが、後者の国内諸官物の審査が長引いた。長和五年正月十二日に頼信の受領功過定が行われた。『小右記《しょうゆうき》』同日条には「常陸介頼信の不与解由状《ふよげゆじょう》では、交替欠《こうたいかん》を補塡したことがはっきりとわからない、そこで正税帳《しょうぜいちょう》を提出させた、また神社の一つを修造していない」とあり、交替欠と神社修造の二つが問題になっている。

受領は着任時に前任の受領から国内の諸官物を引き継ぐのだが、その中心となるのが国郡の倉庫に納められた稲穀、すなわち正税《しょうぜい》である。奈良時代と異なり、このころになると正税は大幅に少なくなっていた。しかし、それでも受領は前任の受領から受け取った正税を減らすことなく次の受領に渡すことになっており、もし任期中に減少した場合はそれを補塡せねばならなかった。この減少分が交替欠で、頼信には交替欠があり、それを補塡したか否かが不与解由状（官物引き継ぎ時に前任と新任の受領が作成する書類）では不明確だったので、正税帳（正税の毎年の収支を政府に報告した書類）を提出させたのである。

神社については、任期中に神社が破損したのに、それを修造しなかったことが問題視されたのであろう。あるいは、長保四年以降、以前に破損した国内の神社を一定数修造したかどうかが受領功過定の審査事項に加えられたので、それに関することかもしれない。

長引く審査

その後、交替欠の問題は解決したようだが、神社の方は三年後の受領功過定でまた取り上げられている。『小右記』寛仁三年正月二十二日条には、「前常陸介頼信の不与解由状については、神社のことで疑念があり、結論が出ていない、後任受領の次の受領がそのことを実録・報告しているので、その書類によって審査をしてほしいと頼信が言っている、そこで左《さ》中弁《ちゅうべん》経通《つねみち》から摂政《せっしょう》に申し上げたところ、その書類を提出させよとのことだったので、その旨を経通に命じた」とある。つまり、頼信は後任受領との不与解由状では埒《らち》があかないので、後任受領とその次の受領との不与解由状を用いて審査してほしいと申請し、それが認められたのである。

不遇の時期

頼信はその後伊勢守になっているので、受領功過定で合格となったようだが、それがいつかはわからない。上野介の任期を終えた頼信は、五、六年ほどで常陸介になっている。ところが、今回は十年近く経ってもまだ受領功過定が終わっていないのである。もちろん、受領功過定に合格しないと次の官職につけないので、しばらくは頼信にとって不遇の時期が続いたことになる。

詳しくは後述するが、このころ頼信の子頼清が友人の僧に貧困であることをからかわれたという話が『今昔物語集』十二―三十六にみえている。頼信が不如意な生活を送っていたことをうかがわせる史料として興味深い。

摂関家との関係

受領功過定を終えるのに十年近くもかかったのは、このころの頼信は摂関家との関係が弱まっていたためであろう。なぜなら、摂関家と親しい者の場合は受領功過定の審査があまりきびしくなかったからである。たとえば、長和三年正月、寛仁元年九月に行われた橘為義《ためよし》、藤原公則《きみのり》の受領功過定では、書類に不備があったにもかかわらず、彼らが道長の家司であるため、公卿たちは遠慮して不審な点を追求せずに合格させている。つまり、受領功過定に長期間かかっているのは、当時の頼信が摂関家とのつながりがあまり強くはなかったことを示しているのである。

三　伊勢国受領の時代

伊勢国府

頼信の次の任国は伊勢国であった。このことは『左経記《さけいき》』長元元年六月二十一日条に「伊勢前守頼信朝臣」とみえることからわかる。

伊勢国の国府は三重県鈴鹿《すずか》市広瀬《ひろせ》町にある。国庁は中央部に正殿と後殿《こうでん》、東西に脇殿があり、正殿と後殿、正殿と脇殿は軒廊《こんろう》（屋根付きの渡り廊下）でつながっていた。そして、

伊勢守の任期

伊勢国庁跡

これらの周囲に南北約百十メートル、東西約八十メートルの築地塀《ついじべい》（土をつき固めて作った塀）があった。奈良時代後期ころに伊勢国府は鈴鹿川をはさんで南側の国府《こう》町に遷《うつ》ったらしいが、国庁などはまだ見つかっていない。

頼信の伊勢守としての任期はいつからいつまでだろうか（次頁の表参照）。頼信は寛仁三年にまだ受領功過定を受けており、また藤原兼資《かねすけ》が寛仁二年から治安《じあん》元年（一〇二一）まで伊勢守としてみえる。一方、万寿三年に伊勢守の任符《にんぷ》（任命書）が作られ、新国守が都を出発しているので、頼信の任期は治安二年から万寿二年までの四年間と考えられる。

表　伊勢守頼信の任期関係年表

年月日	事　　項
寛仁 2(1018).5.28	伊勢守兼資が実資に赴任の挨拶をする（『小右記』）
3(1019).正.22	前常陸介頼信の受領功過定が行われる（『小右記』）
治安元(1021).12.12	頭中将が伊勢国司兼資の申文を下す（『小右記』）
万寿元(1024).12.4	伊勢守頼親が実資に桑糸を贈る（『小右記』）
2(1025).正.29	伊勢国百姓が国司善状を申す（『小記目録』）
3(1026).7.16	左中弁が伊勢守の任符に署名し，新国守が進発する（『左経記』）
長元元(1028).6.21	公卿たちが前伊勢守頼信を追討使に推薦する（『左経記』）

　ただ、そうすると問題となるのが、『小右記』万寿元年十二月四日条の「伊勢守頼親」が実資《さねすけ》に桑糸（絹糸）を贈ったという記事である。万寿元年の伊勢守が頼親だったとすると、頼信の任期は治安二年～三年の二年間だけとなってしまう。また、このころ頼親といえば源頼親しかいないが、『尊卑分脈《そんぴぶんみゃく》』の注記によると頼親が受領となったのは大和・周防・淡路《あわじ》・信濃の四国であり、伊勢国はみえない。さらに、後述するように、任期三、四年目でなされる国司善政上申《こくしぜんせいじょうしん》が万寿二年になされている。

　こうしたことを考え合わせると、『小右記』万寿元年十二月四日条の伊勢守は頼親ではなく頼信とすべきであろう。したがってここでは、「伊勢守頼親」は「伊勢守頼信」の誤記であり、頼信の伊勢守の任期を治安二年から万寿二年までとしておきたい。

実資への経済的奉仕

万寿元年十二月十三日、右大臣藤原実資の娘である千古の著裳《ちゃくも》の儀（貴族女性の成人儀礼）が行われた。実資の日記『小右記』には、寵愛する娘のため実資が二ヵ月も前から著裳の準備を慎重に進めていた様子が記されている。当時こうした儀式が行われる時は、身内や親しい者が儀式に必要なさまざまなものを贈ることになっていた。『小右記』には、誰が、いつ、どのようなものを贈ってきたかが詳細に記録されている。それによると、贈与者で一番多いのはやはり受領で、十を超える国の受領が糸、綿、布などを実資に贈っている。受領になると多くの収入が得られるが、その一方で実資のように人事に影響力を持つ高級貴族にはこうした経済的な奉仕が不可欠だったのである。

頼信はこれまで道長には馬を献上しているが、実資に経済的な奉仕を行ったことはなかった。常陸国の受領功過定が長引いたことで、頼信は摂関家以外の有力者にも関係を持っておく必要性を認識したのかもしれない。

国司善政上申

『小《しょう》記《き》目録《もくろく》』万寿二年正月二十九日条に、「伊勢国百姓《ひゃくせい》が国司の善状《ぜんじょう》を申した」という記事がある。こうした百姓による善状上申を国司善政上申という。

このころ諸国の人々が受領の苛政《かせい》・悪政を政府に訴える国司苛政上訴《こくしじょうそ》がしばしば行われた。なかでも、永延二年（九八八）に尾張国の郡司・百姓らが国守藤原元命《もとなが》の非法を訴え、解任を求めたことは有名である（「尾張国郡司百姓等解文《おわりのくにぐんじひやくせいとうげぶみ》」）。国司善政上申は、これと反対に、受領が良い政治を行っているとして、人々がその受領の延任《えんにん》（任期延長）や重任《ちょうにん》（再任）を政府に求めるものである。たとえば、寛仁元年に同じ伊勢国の人々が都の路上に集まり、国守藤原孝忠《たかただ》（兼資の前任）を重任させるよう上申している。また、万寿元年には能登《のと》国の人々が陽明門《ようめい》（平安宮の東側の門、上級貴族が出入に用いる）で、受領の政治が優れているので延任させるよう上申している。

上申の実態

ただ、こうした国司善政上申がすべて人々の自発的な行為だったかどうかは疑問である。延任や重任を実現させるため、あるいは次の受領人事で高い評価を得るため、受領が仕組んで人々に善状を上申させた可能性も十分に考えられるからである。寛仁三年六月に丹波《たんば》国の人々が陽明門で国守藤原頼任《よりとう》の苛政を訴えている。ところが、九月には同じ丹波国の人々数百人が陽明門で善状を提出している。これなどは明らかに苛政を訴えられたことに対抗して、受領が善状を出すよう人々に仕向けたものである。

万寿二年の伊勢国での国司善政上申が、人々の自発的な行為だったのか、それとも頼信が仕組んだものだったのかは不明である。どちらにせよ、翌年に新しい受領が任じられているので、頼信の延任や重任はなかったことになる。

実施時期

こうした国司善政上申はいずれも任期の終わりごろ、つまり任期三年目か四年目になされている。国司善政上申は、受領が良い政治をしていることを前提に行われるものなので、任期終盤になされるのは当然のことである。したがって、万寿二年に伊勢国で国司善政上申がなされているのは、その年が受領任期の三年目か四年目だったことを示している。ちなみに、先述した寛仁元年の伊勢国国司善政上申が行われたのは国守藤原孝忠の任期四年目であった。頼信の伊勢守としての任期が治安二年から万寿二年までの四年間だったと考えられることは先述したが、それはこうした点からも裏付けることができるのである。

伊勢守任命の理由

頼信がなぜ伊勢守に任じられたのかはよくわからないが、あるいは伊勢国での桓武平氏貞盛流と同公雅《きみまさ》流との対立がその理由かもしれない。

このころ貞盛流の維衡と公雅流の致頼《むねより》が伊勢国で勢力を競っており、長徳四年に両者は合戦に及ぶ。その後、維衡と致頼との目立った紛争はなかったが、致頼の子の致経《むねつね》・公親《きみちか》兄弟が都で殺人事件を起こし、治安元年五月に検非違使が追捕のため伊勢国に下向することになった。検非違使は両人を追って尾張国まで向かうも、捕らえることはできなかった。この間、致経とその従者の家がことごとく焼亡している。

致経と正輔

八月になって致経が比叡山の横川《よかわ》に隠れていることがわかり、検非違使に捕縛させたが、実際に横川へ向かったのは維衡の子の正輔《まさすけ》であったらしい。その正輔は平忠常の乱の最中の長元三年に、同じ貞盛流の追討使平直方《なおかた》を支援するため安房守に任じられる。ところが、伊勢国で致経と合戦になり、双方とも多くの兵士が命を落とし、人々の家々も焼かれた。このため、正輔は安房国に下向することはできなかった。

このように、伊勢国では維衡・正輔と致頼・致経との親子二代にわたる紛争が続いていた。頼信が伊勢守になったのは、致経追捕のため検非違使が伊勢国に下った翌年のことなので、武人である頼信に貞盛流と公雅流との争いを抑えさせるための受領人事だったのではないだろうか。

武人としての活動は低調

頼信は上野介になった時三十歳であった。そして、伊勢守の任期が終わった時、頼信は五十八歳になっていた。頼信にとって三十代から五十代の約三十年間は受領の時代だったといえよう。もっとも、受領として任国に赴いたのは三ヵ国に各四年間、計十二年間だけで、それ以外は都にいたものと思われる。とすると、任国にいた期間より、京都にいた期間の方がはるかに長かったことになるが、常陸国の受領功過定に関するものを除けば、この間の頼信の様子がわかる史料はない。

ただ、在京時の頼信は若い時のような武的活動はしていなかったのではないだろうか。なぜなら、三十代から五十代の壮年期に頼信が武人として活躍していたならば、なんらかのかたちで史料が残されていたはずだが、そうでないのはやはりそのような活動はしていなかったことを示していよう。そして、後述するように、こうしたことは摂関期の武人にとって決して珍しいことではなかったのである。

以上、本章では、受領時代の頼信について述べた。三十代から五十代にかけて、頼信は上野国、常陸国、伊勢国の受領をつとめた。伊勢守の任期を終えて三年後の長元元年、東国で平忠常の乱が起きる。次章では、この平忠常の乱についてみていきたい。

第六　平忠常の乱勃発

一　上総国占拠

平忠常追討宣旨

長元《ちょうげん》元年（一〇二八）六月、平忠常《ただつね》追討の宣旨が出され、右衛門尉《うえもんのじょう》平直方《なおかた》と右衛門志《さかん》中原成通《なりみち》が追討使《ついとうし》に任じられた。上総国からの報告によると、忠常の従者が上総介県《あがた》犬養為政《いぬかいのためまさ》の館《たち》に乱入して為政の従者を打ち縛り、為政の妻子も上京することができなかった。上総国府は事実上忠常によって占拠されたのである。なお、「応徳元年皇代《おうとくがんねんこうだい》記《き》」には忠常が安房守惟忠《これただ》を焼死させたとある。

忠常の本拠地

平忠常は、良文《よしふみ》流の桓武平氏で、『日本紀略《にほんきりゃく》』長元元年六月二十一日条に「下総国住人」、『今昔物語集《こんじゃくものがたりしゅう》』二十五―九に「下総国ニ平忠恒《ただつね》（常）ト云兵有《いうつわものあり》ケリ」とあり、また久安《きゅうあん》二年（一一四六）の「下総国平常胤寄進状《つねたねきしんじょう》」（『平安遺文《へいあんいぶん》』六―二五八六号）では、下総国相馬《そうま》郡の所領を「先祖相伝の領地」としているので、その本拠地は下総国だったらしい。しかし、『左経記《さけいき》』長元七年十月二十四日条では、上総国を「忠常の住国」としている。また『今昔物語集』二十五―九には、忠常が「上総・下総ヲ皆我マ、ニ進退シテ」とあり、平忠常の乱も上総・下総両国が主戦場となっているので、忠常は上総・下総両国に大きな勢力を持つ豪族だったようである。

上総権介忠常

『尊卑分脈《そんぴぶんみゃく》』の忠常の注記には「上総介従五位下」とある。また、『日本紀略』長元元年六月二十一日条、『扶桑略記《ふそうりゃっき》』同年七月二十五日条も、忠常を「前上総介」としている。これらから忠常はかつて上総国の受領《ずりょう》をつとめていたとも考えられるが（上総国は親王任国《しんのうにんこく》なので介が受領となる）、実際には上総介ではなく上総権介《ごんのすけ》（介に次ぐ地位）であろう。なぜなら、当時は国内に多くの所領を持つ者をその国の受領にしないのが通例だったからである。たとえば、伊勢国で同族の平致頼《むねより》と所領争いをしていた平維衡《これひら》は、寛弘《かんこう》三年（一〇〇六）に伊勢守になったものの、左大臣道長《みちなが》の反対ですぐに解任されている。一方、長和《ちょうわ》三年（一〇一四）の時には、道長は源頼親《よりちか》を摂津守に推したが、摂津国に多くの所領を持っていたため任命されなかった。

もう一つの理由は、これまで貴族の日記やそのほかの史料に忠常の名前がまったくみえないことである。同じ桓武平氏の貞盛《さだもり》の子・孫たちのうち、維叙《これのぶ》、維将《これまさ》、維敏《これとし》、維時《これとき》は受領になっているが、彼らは受領になる前から衛門尉《えもんのじょう》や検非違使《けびいし》などとして史料に名前がみえている。ところが、忠常は長元年間まで史料上に姿をみせておらず、これは彼が受領にはなっていなかったことを示唆していよう。

在地豪族と介・権介

在地豪族が介や権介となる例は他国にもある。因幡《いなば》国では因幡千里《ちさと》が因幡介に、土佐《とさ》国では曽我部如光《そがべすけみつ》が土佐権介になっている。因幡千里、曽我部如光はその姓からみて明らかに在地豪族である。したがって、忠常が上総権介であったとしてもなんらおかしくはない。

仇敵平維幹

忠常が平維幹《これもと》を「先祖の敵」としていたことは先述したが、維幹は常陸国筑波《つくば》郡一帯を本拠とする豪族で、貞盛の子・孫のように都で活動してやがて受領になるという道を歩まず、在地の所領経営に力を入れていた。忠常も、次に述べるように中央貴族の藤原教通《のりみち》に仕えていたようだが、基本的には維幹と同じく在地の豪族であり、それゆえに両者は世代をこえて鋭く対立したのである。

受領県犬養為政の治政

当時、上総国の受領であった県犬養為政が上総介になったのは万寿《まんじゅ》二年（一〇二五）なので、長元元年は任期四年目、つまり任期の最終年となる。任期最終年は政府に納める官物《かんもつ》や自己の収入を確保するため、受領による国内からの税物徴集がきびしく行われた。また、この年は旱魃《かんばつ》だった上に疫病もはやり、そのため七月には年号が万寿から長元に改められている。為政と忠常との対立はこうしたことから起きたのであろう。さらに、為政は長徳《ちょうとく》四年（九九八）以来十年以上にわたり検非違使をつとめた人物なので、税物の取り立てをきびしく行い、そのため忠常の反感をかったのかもしれない。

二　追討使平直方

追討使の任命

長元元年六月二十一日、追討使を決めるための陣定《じんのさだめ》が開かれた。候補にあがったのは、源頼信、平正輔《まさすけ》、平直方、中原成通の四人であった。公卿たちは頼信を推薦したが、関白藤原頼通《よりみち》は平直方、中原成通の検非違使二人を追討使とした。

忠常と教通

八月になって、忠常の使者二人が検非違使に捕らえられた。使者は忠常の書状を四通持っていて、宛先は運勢《うんせい》、内大臣藤原教通、中納言源師房《もろふさ》、もう一通は宛先なしであった。このうち教通宛の書状には、これから従者を率いて夷灊山《いじみ》に籠もるが、教通の返書があれば山を出てもよいと書かれてあった。忠常は追討使が出されると聞き、それを回避するため教通にとりなしを依頼したのである。このころは地方の豪族が都の貴族と私的関係を結ぶのはよくあることなので、以前から忠常は教通に仕えていたのであろう。

追討使の出発

八月五日、追討使の平直方と中原成通が二百余人の兵を従えて都を出発した。しばらくして、美濃《みの》国から成通が高齢の母が危篤であるとの知らせをよこした。しかし、調べてみるとそれは事実ではなかった。成通は直方と以前から折り合いが悪く、七月にも病気と称して追討使を逃れようとしていた。出発後も母の病気を口実に都に戻ろうとしたが、うまくいかなかったのである。

平直方

追討使になった直方は貞盛《さだもり》流の桓武平氏で、治安《じあん》三年（一〇二三）に検非違使となり、京内外で盗賊の追捕などにあたっていた。父維時は摂関期を代表する武人で、平貞盛の孫（貞盛の養子となる）である。

中原成通

成通は寛仁《かんにん》三年（一〇一九）に検非違使となっている。彼は寛弘八年に明法道《みょうほうどう》の准得業《じゅんとくごう》生《しょう》となり、永承《えいしょう》七年（一〇五二）には明法博士《みょうほうはかせ》とみえる法律の専門家であった。当時検非違使は裁判も担当しており、そのためこうした法律家も配置されていた。

追討使と検非違使

このように、追討使となった二人はともに検非違使である。しかし、直方が追討使に任じられたのは、彼が検非違使だったからではない。このことは、そのころ地方で騒乱があった時、追討使になったのは検非違使以外の者だったことから明らかである。

正暦三年の追討使

正暦《しょうりゃく》三年（九九二）に阿波守藤原嘉時《よしとき》が海賊に捕らえられるという事件が起きる。この時追討使となったのは従五位下源忠良《ただよし》である。忠良は海賊追討に成功し、嘉時に代わって阿波守に任じられた。忠良は寛和《かんな》元年（九八五）に摂津国（あるいは京周辺）の海賊を討っており、その時忠良は検非違使右衛門尉だった。ただ、忠良は寛和元年以降検非違使としてみえず、また五位になると検非違使を辞めるのが一般的なので、正暦三年の忠良は検非違使でなかった可能性が高い。したがって、忠良が追討使になったのは、彼が検非違使だったからではなく、海賊追討の実績を持つ武人であったことがその理由であろう。

長保五年の例

長保《ちょうほう》五年（一〇〇三）正月、下総国より平維良《これよし》が下総国府の建物を焼いて官物を略奪したという報告があった。この時、維良の追捕を命じられたのは武蔵守藤原惟風《これかぜ》である。惟風も著名な武人で、武蔵守になる前は検非違使右衛門尉であった。のちに備前守となった時にも傷害事件の犯人を捕らえている。つまり、この時は中央から追捕使が派遣されず、隣国の武人国司に追捕が委ねられたのである。なお、この維良追討は中途半端な形で終わり、維良はその後復権して鎮守府《ちんじゅふ》将軍となっている。これは中央に進出していた同族の平維叙、平維衡、平維時などが摂関家に働きかけた結果らしい。

追討使と武人

このように当時追討使になったのは検非違使ではない武人たちであった。このことは、公卿たちが追討使に推したのは頼信だったことからもわかる。したがって、直方は検非違使としてではなく、武人として評価され、追討使に任じられたのである。

成通が選ばれた理由

では、検非違使とはいえさしたる武人ではない中原成通はなぜ追討使に任じられたのであろうか。この点については事情がやや複雑である。

当時は追討使になるのは検非違使でないことは今述べた通りだが、騒乱とまではいかなくとも地方での争いに検非違使が派遣されることはしばしばあった。寛和二年、備前国鹿田庄《かたのしょう》をめぐって興福寺と国守藤原理兼《まさかね》の争いが起き、理兼と庄家を焼亡させた犯人を取り調べるため左衛門大尉《だいじょう》藤原為長《ためなが》、左衛門少志《しょうさかん》多米国定《ためのくにさだ》（遠《とお》）が遣わされた。また、長元元年には、平維衡郎等の高押領使《こうのおうりょうし》と伊藤掾《いとうのじょう》が参河《みかわ》国人二十六人を連れ去るという事件があり、その両名を捕らえるため、右衛門志安倍守良《もりよし》と左衛門府生《ふしょう》村主《すぐりの》重基《しげもと》が伊勢国に派遣されている。このように、争いや事件を処理するため検非違使が畿外に遣わされることは当時よくみられ、その場合の検非違使の人数は複数であった。

追討使と成通

このようにみていくと、成通が追討使になったのは、直方が検非違使だったため、検非違使を地方に派遣する時はその人数を複数にするという例にしたがったためではないだろうか。つまり、実質的には武人である直方が追討使であり、成通はいわば形だけの追討使であった。成通にとってこの人選は不本意であり、そのため成通は病気と称して追討使を逃れようとしたり、母の病気を口実に都に戻ろうとしたのであろう。

直方が選ばれた理由

次に、頼通が多くの武人の中から直方を追討使に選んだ理由、公卿たちが推薦したにもかかわらず頼信が選ばれなかった理由について考えてみたい。

頼通と直方

頼通が直方を追討使に選んだ理由の一つめは、直方が頼通に仕えていたことである。治安三年四月に直方は検非違使に任じられるが、それは関白頼通の要請によるものであった。また、忠常の乱後の長暦《ちょうりゃく》三年（一〇三九）、延暦寺僧が頼通の高倉第《たかくらてい》に押し寄せた時、それを防いだのが直方である。永承三年に頼通が高野山参詣に出かけた時も直方が供奉《ぐぶ》している。このように、直方は頼通に仕えており、頼通にとって直方は命令を確実に実行する信頼できる人物であった。また、頼通には彼に戦功をたてさせてやりたいという気持ちもあったであろう。

常陸平氏の支援

二つめは、平直方を追討使にすると、常陸平氏、つまり平維幹・為幹《ためもと》父子の支援が期待できることである。維時・直方と維幹・為幹は同族であるだけでなく、維時は長和・寛仁年間（一〇一二〜一〇二〇）に常陸国の受領をつとめており、両者は密接な関係にあったと想定される。また、為幹は任国で死去した常陸介藤原惟通《これみち》の妻子を奪ったため、寛仁四年京に召喚されるのだが、その時為幹の身柄を預かったのが維時である。

このように常陸の豪族平維幹・為幹と維時・直方とは深くつながっており、そしてすでに述べたように、忠常と維幹とは在地で鋭く対立していた。したがって、忠常は上総・下総両国に勢力を有する大豪族なので、簡単に討つことができる相手ではなかったが、直方を追討使にすれば常陸平氏の支援が得られると頼通は考えたのではないだろうか。

頼信が選ばれなかった理由

頼通が直方を追討使とした理由は以上の通りだが、逆に頼信が追討使になるのを避けたのはなぜだろうか。それは、頼信が追討使になると乱鎮圧の主導権を弟の教通に握られる恐れがあったからであろう。

当時の例をみると、こうした騒乱を収束させるためにとられた方法は二つある。一つは正暦三年の海賊のように正面から武力で討伐する方法、もう一つは長保五年の平維良のように融和的に解決する方法である。先述したように、忠常は頼信に仕えていたので、頼信が追討使になると場合によっては後者の方法をとる可能性があった。しかし、それは頼通にとって容認できないものであった。

頼通と教通

頼通は寛仁元年から摂政、同三年から関白となっているが、実権を握っていたのは父の道長であった。その道長が万寿四年十二月に亡くなって半年後に起きたのが平忠常の乱である。頼通にすれば、自らが主導して乱を鎮めることにより、貴族たちに道長の後継者であることを示す必要があった。ただ、忠常が教通に書状を送ってとりなしを依頼したように、忠常は教通に仕えており、このことは頼通も知っていたであろう。そうすると、教通は融和的な解決方法を望むと思われるので、同じく武力によらないで乱を鎮めようとするかもしれない頼信と教通が連携することは十分に考えられる。

つまり、頼信を追討使にすると教通の手を借りることになるだけでなく、場合によっては乱鎮圧の主導権を教通に奪われる恐れもあった。頼通と教通はのちに娘の入内《じゅだい》をめぐって争うが、この段階で両者が対立していたわけではない。しかし頼通としては、父道長から政権を受け継いで間もないこの時期だからこそ、弟の教通の助けを得ずに自分の力で乱の鎮圧にあたりたかったに違いない。そのためには、頼信を追討使に任じるわけにはいかなかったのである。

三　直方への支援

上総介平維時

長元二年正月、上総介県犬養為政の後任に直方の父維時が任じられた。直方が八月初めに都を出発して数ヵ月たつが、はかばかしい成果があがらなかったので、てこ入れのため父でベテランの武人維時を上総介としたのである。直方が追討使として下向したあとの具体的な戦況は不明だが、常陸平氏が直方に援軍を送ったことは想像に難くない。そうすると「先祖の敵」に対して忠常は必死に抵抗したであろう。戦いが長引いたのはこうしたことが要因の一つと考えられる。

維時任命の理由

維時は二月二十三日に上総国に向かった。受領が任国に向かうのは通常は三月に入ってからである。戦況が思わしくなかったので、維時は上総国下向を急いだのであろう。

維時が上総介に任じられたのは直方を支援するためだが、一般官人で戦乱のさなかにある上総国の受領になる者はいないという事情もあった。平維良による下総国府焼き討ち事件が起きた長保五年は下総国の受領交替の年だったが、後任受領は結局赴任せず、八月に武人の源忠良が下総守に任じられている。また、『陸奥話記《むつわき》』によれば、陸奥守源頼義《よりよし》の後任受領は安倍氏との合戦が起きていると聞いて辞退し、そのため頼義が再び陸奥守となっている。したがって、県犬養為政の後任は武人に限られ、追討使が直方だったため、その父が選ばれたというのが実情であろう。

成通の解任

十二月五日、直方・維時から解文《げぶみ》（上中文書）と書状が届き、その三日後に中原成通が追討使を解任されている。成通にとって追討使任命は不本意なことだったので、東国下向後も直方には非協力的だったのだろう。そのため、直方親子から解任要求が出されたようである。

忠常の安房国襲撃

長元三年三月二十七日、忠常が安房国を襲い、安房守藤原光業《みつなり》が印鎰《いんやく》を棄て京に逃げ帰ってきた。印鎰は国印《こくいん》と国郡倉庫の鍵のことで、国司の権威の象徴とされるものである。忠常の乱が上総・下総国だけでなく、安房国まで拡大したのである。

安房守平正輔の下向

二日後の二十九日に平正輔が後任の安房守となった。正輔は桓武平氏貞盛流の維衡の子で、追討使の候補にあがっていた人物である。正輔は維時の従兄弟なので、維時・直方支援のための人事といえよう。しかし、正輔は任国に向かう途中、伊勢国で平致頼・致経《むねつね》との父維衡の代から続く争いが再燃し、安房国に赴任できなかった。

正輔の下向ルート

五月に正輔は船舶と不動穀《ふどうこく》（備蓄用の穀）の諸国からの拠出を政府に求めている。諸国の範囲やそれらの用途は不明だが、忠常追討に関わるものであることは間違いない。

正輔が忠常追討の準備を進めていたことは、彼が伊勢国経由で安房国に向かおうとしていたことからもわかる。このころ平安京から遠江《とおとうみ》以東の東海道諸国に行く際には、美濃国までは東山道を利用するのが一般的であった（図参照）。つまり、琵琶湖東岸を北上し、現在の関ヶ原を経て美濃国に入り、そこから南下して尾張国から東海道を利用した。長元元年に追討使平直方らが上総国に下向した時も、中原成通が美濃国から母の危篤を知らせたように、このルートを用いていた。したがって、伊勢国経由の本来の東海道を正輔が使ったのは異例のことであった。

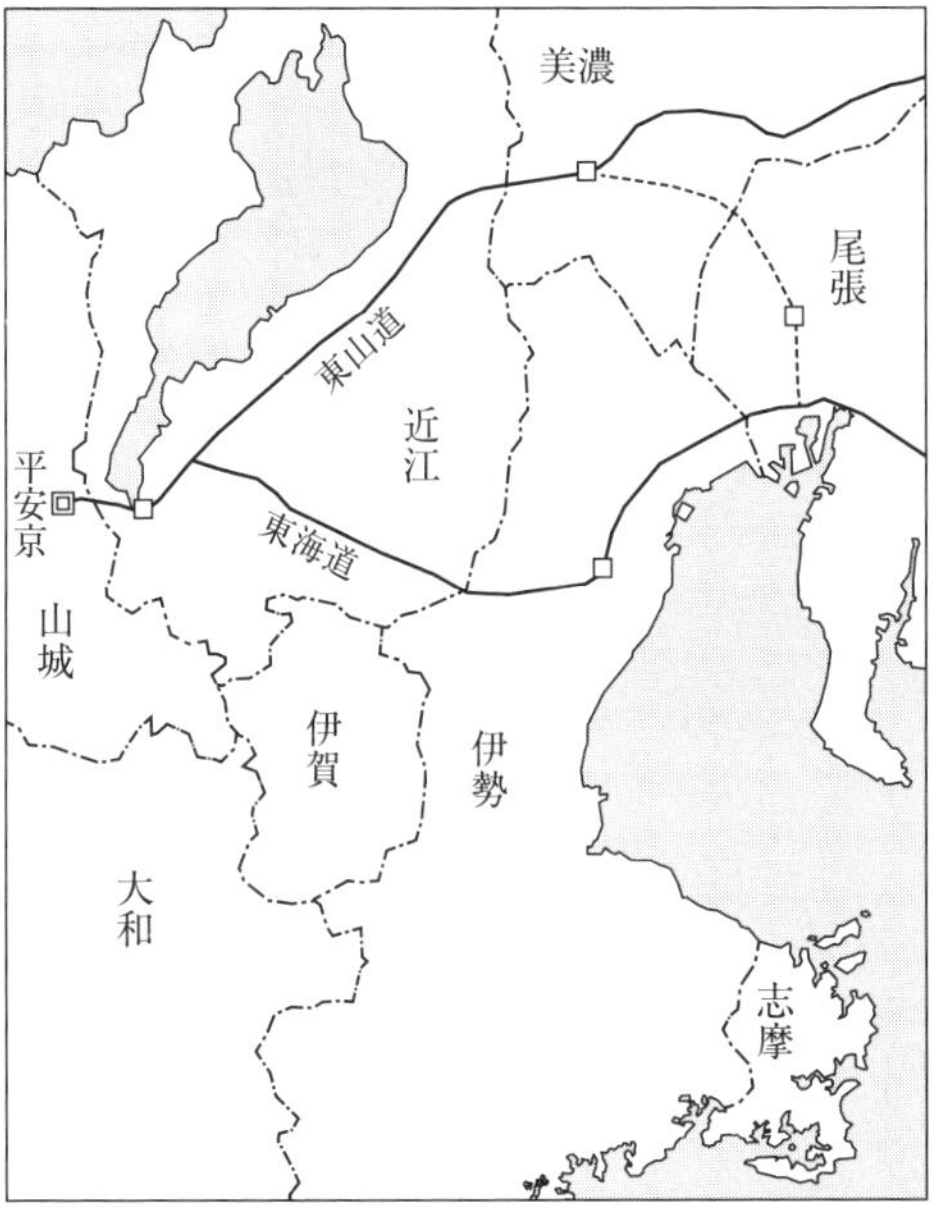

京から東国へ向かうルート

もちろん、これは父維衡以来の根拠地である伊勢国で兵士や物資を調達するためである。父の代からのライバルである平致経との合戦が起きたのは、これらの調達をめぐるトラブルによるものであろう。維時・直方支援の兵士や物資を確保するため、正輔はあえて伊勢国経由で東国に向かおうとしたのだが、それがかえって仇《あだ》となり、忠常追討に加わることはできなかったのである。

四　甲斐守頼信

国土の荒廃

正輔が安房守に任命されるなど、長元三年になっても武力による忠常討伐の動きが続く。しかし、長元元年だけでなく長元二年も不作と疫病が続き、京近辺では多くの死者が出た。とりわけ、戦乱が続く上総・下総両国の疲弊ははなはだしかった。『小右記』長元三年三月六日条には「東国の追討はまだ収まりそうにない、餓死者の数は数えきれないほどである」と記されている。長引く戦乱と国土の荒廃に対する貴族層の不満と不安は次第に高まっていった。

甲斐守就任

こうしたなか、頼信が甲斐守に就任する。甲斐国は藤原公業《きみなり》が治安二年〜万寿二年に受領をつとめた。次の受領平範国《のりくに》の任期は万寿三年〜長元二年の四年と推定されるので、頼信が甲斐守になったのは長元三年正月であろう。伊勢守を辞めてからしばらくたっているので、頼信が受領になること自体は特に問題ではないが、その任国が上総・下総国からさほど離れていない甲斐国だったのは、やはり忠常の乱を意識してのことと思われる。

忠常の乱との関係

頼信の甲斐守就任と平忠常の乱とが関係することは、頼信以前の甲斐守の顔ぶれからもわかる。長徳年間以降、頼信以前の甲斐守には、源忠規《ただのり》、源高雅《たかまさ》、藤原惟憲《これのり》、藤原能《よし》通《みち》、源保任《やすとう》、藤原公業、平範国の七人がいるが、彼らはいずれも摂関家あるいは天皇の関係者であった。源忠規は東三条院別当《ひがしさんじょういんべっとう》、源高雅・藤原惟憲は道長家司《けいし》、藤原能通は教通家司、源保任は三条《さんじょう》天皇乳母子《めのとご》、藤原公業・平範国は頼通家司である。このように頼信以前の甲斐守は摂関家や天皇にきわめて近い者に独占されており、それは甲斐国の馬を確保するためだったらしい（山梨県編『山梨県史　通史編一　原始・古代』第七章第二節）。したがって、摂関家や天皇と特に深い関係にない頼信が長元三年に甲斐守に任じられたのはきわめて異例であり、平忠常の乱の平定を視野に入れた受領人事だったことを示していよう。

甲斐国の交通路

甲斐国府

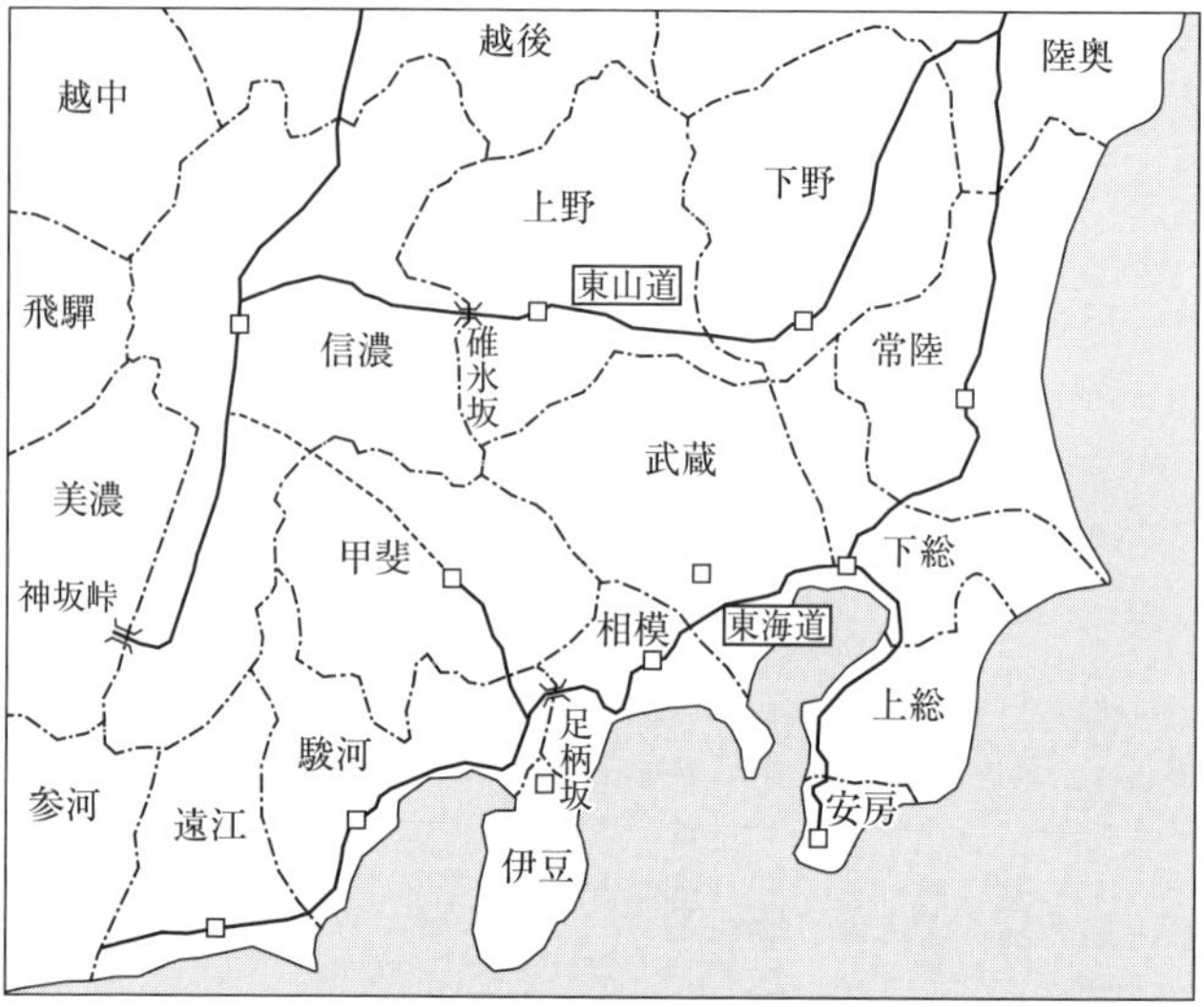

東国の東海道と東山道

ここで甲斐国の国府と交通路について述べておく（図参照）。

国府は、山梨県笛吹《ふえふき》市春日居《かすがい》町国府《こう》地区と同市御坂《みさか》町国衙《こくが》地区の二つにあったらしい。前者には甲斐国総社《そうじゃ》といわれる甲斐奈《かいな》神社（守ノ宮《しゅのみや》）、後者には国分二寺や浅間《せんげん》神社（一ノ宮《いちのみや》）が近在する。ただ、最初の国府はどちらの地区なのか、もう一つの地区に移転したのはいつなのかはよくわからず、頼信の時代に国府がいずれにあったかは不明である。

『延喜式《えんぎしき》』では甲斐国は東海道に属し、官道は駿河国の横走《よこばしり》駅（静岡県御《ご》殿場《てんば》市付近）で東海道本路から分岐して

甲斐奈神社（守ノ宮）

富士山の東側を北上し、駿河・甲斐国境の籠坂《かごさか》峠、河口湖近くの御坂《みさか》峠を経て甲斐国府に至る。

しかし、平安時代になると京との往還には東山道を利用することが一般的になる。諏訪盆地で東山道本路から分かれ、釜無《かまなし》川に沿って南東に向かい、甲府盆地を東進して甲斐国府に至るルートである。『梁塵《りょうじん》秘《ひ》抄《しょう》』三百六十一の「甲斐の国より罷《まか》り出でて　信濃の御坂《みさか》をくれくれと　遥々《はるばる》と　鳥の子にしもあらねども　産毛《うぶげ》も変はらで帰れとや（甲斐の国を出て、信濃の御坂に難渋してはるばると上京したのに、鳥の子というわけでもないが、産毛もはえかわらないまま帰れというのか)」という歌は、このルートを詠んだものである。

頼信は忠常を連れて上京した際、美濃国大野郡から中文《もうしぶみ》を京に送っているが、大野郡には東山道の大野駅があり、頼信が東山道を使っていたことは明らかである。平安時代になると京から東国へ行く時は美濃国まで東山道を利用していたので、甲斐国の場合はそのまま東山道を使った方が便がよかったのであろう。

厳寒期の東山道

ただ、東山道は険阻な山道が多く、とりわけ冬期は積雪や路面の凍結のため通行が困難であった。甲斐守源頼信の上京について権僧正尋円《ごんのそうじようじんえん》が「厳寒のころは信乃坂《しなのざか》(美濃・信濃国境の神坂峠《みさか》のこと)は堪え難い、正月には往還に用いない」(『小右記』長元四年九月十八日条)と述べているのは、甲斐国から京に向かう時は通常は東山道を利用するが、厳寒期はそれが困難だったことを示している。したがって、冬期には東海道が利用されていた。後述するように、長元四年の年明けに甲斐国調庸使《ちようようし》が東海道を通って甲斐国の税物を都に運んでいるが、これは季節が冬だったため東海道ルートを用いたのである。

忠常の情報

さて、長元三年五月になると、忠常が伊志見《いじみ》(夷灊)山に籠もり随兵が減少している、忠常が出家したなどの情報が京都にもたらされている。これらの情報の真偽は不明だが、事実ならば忠常の勢いが衰えている様子がうかがえる。

陣定の審議事項

六月二十三日、追討使平直方、上総介平維時、武蔵守平致方《むねかた》から解文が言上された。直方の解文には、忠常の行方がわからなくなっていること、忠常が郎等の兼光《かねみつ》を遣わして直方に物を送ってきたことなどが書かれてあった。これらの解文を受けて天皇から公卿に対し陣定を開いて審議するよう命が下るのだが、注目したいのは、審議事項のなかに、「坂東の国々追討の事により□、直方を召□し国々に付して追討の事を勤めしむべきか」（『小右記』長元三年六月二十三日条）という項目があることである。

平致方の解文

文字の欠損のため文意がややとりにくいが、翌月直方の召還が定められ、また「下総国は忠常追討の事により亡弊が甚だしい」（『小右記』長元四年三月一日条）、「坂東諸国の多くは追討のために衰亡が甚だしい」（『左経記』長元四年六月二十七日条）という記述を参考にすると、坂東の国々は忠常追討のため衰亡しているので直方を召還して国々に追討を委ねるべきか、という意味に解することができよう。そうすると、直方や維時がこうしたことを言上するはずがないので、これは明らかに武蔵守平致方の解文によるものである。致方の解文の具体的な内容はわからないが、おそらくはこれ以上の国土の荒廃を防ぐため直方による追討の停止を求めたのであろう。

平致方

では、平致方というのはいかなる人物であろうか。致方は、長和二年に検非違使右衛門尉とみえ、放免《ほうめん》（検非違使庁の最下級者）に暴行したため侍所《さむらいどころ》（摂関家の従者の詰所）に拘禁されかけている。長和四年には検非違使別当の命で亭子院《ていじいん》の堂を壊している。さらに、長元五年には息男の従女を傷つけ、左衛門弓場《ゆば》（左衛門府の射場）に下されている。このように致方はかなりの武人だったが、一方で母の式部《しきぶ》の宣旨《せんじ》は三条天皇皇后娍子《せいし》の乳母《めのと》であった。また、妻（藤原方隆《まさたか》の娘）も藤原教通の子の乳母となっている（『栄花物語《えいがものがたり》』十六、二十二）。つまり、致方は皇后娍子の乳母子であり、また教通の子の「乳父《めのと》」（乳母の夫）ということになる。

致方の出自は不明である。先述した平致頼・致経など桓武平氏公雅《きみまさ》流には、名前に「致」の字を持つ者が多いので、その一族とも考えられる。ただ、母や妻が皇后娍子や教通の子の乳母となっているなど、武辺一辺倒の公雅流平氏とはやや異なるところもあり、別の平氏かもしれない。

致方と教通

致方で注目したいのは、その妻が藤原教通の子の乳母だったことである。高級貴族に子供が生まれた時、乳母に選ばれるのは家司など信頼できる近習者の妻や娘であることが多い。藤原教通の子が生まれたのは治安三年だが、その時妻の父藤原方隆はすでに亡くなっている。したがって、致方の妻が藤原教通の子の乳母になっているのは、致方が教通の近習者だったことを示していよう。

このように、致方と教通が近い関係にあったとするると、致方が直方の追討停止を求めたのは教通の意向を受けたことによるものと思われる。おそらく教通は自分に仕える忠常の追討を早く止めたかったであろう。そこで、直方が成果がないままいたずらに国土を荒廃させているのをみて、追討の停止を致方に言上させたのではないだろうか。

致方は追討使に選ばれず

なお、致方は長元四年に武蔵守、長元五年に前武蔵守とみえるので、長元元年から四年まで武蔵守をつとめていたと考えられる。つまり、忠常の乱が始まった長元元年に致方は武蔵国にいた可能性が高い。そうすると、長保五年に下総国で平維良が下総国府焼亡事件を起こした時、元検非違使の武蔵守藤原惟風に維良の追捕が命じられた例があるので、同じく武蔵守で元検非違使の致方が忠常追討使となってもおかしくはなかった。しかし、そうならなかったのは、致方が教通と近い関係にあったので、頼通が致方を忌避したためであろう。

直方の召還

六月二十三日に出された天皇の審議命令に対して公卿たちはすぐには結論をださなかったが、戦乱によって国土を荒廃させた上、忠常の居所すらつかめていない直方に対してきびしい目を向けるようになった。また、このころになると安房守平正輔が東国に向かえないこともわかり、これ以上直方による追討は困難との意見が政府内で強まった。七月八日に陣定が開かれた。『小記目録《しょうきもくろく》』同日条には「追討使直方を召し返すべき事」とあるので、直方を召還することが決められたようである。

以上、本章では、平忠常の乱の開始から追討使平直方が召還されるまでを述べた。次章では、頼信が追討使となって乱を収束させ、美濃守になるまでの過程をみていきたい。

第七　乱の終結

一　追討使頼信

追討使任命

長元《ちょうげん》三年（一〇三〇）九月二日、頼信に忠常《ただつね》を追討するよう命が下った。直方《なおかた》による忠常追討は失敗に終わったのである。直方は京に召し返されることになり、十一月に帰京した。ただ、直方の父維時《これとき》は上総介に留まっていた。政府にすれば、直方だけでなく維時まで解任すると、忠常の勢いが盛り返す恐れがあると判断したのであろう。また、一般官人で戦乱の収まっていない上総国に受領《ずりょう》として赴く者はいないという事情もあったであろう。しかし、忠常側からすれば、維時が上総国に残っている限りは戦闘態勢を簡単に解くわけにはいかなかった。頼信が追討使《ついとうし》に任命されたあと、乱の収束まで長い時間がかかった要因の一つはこうした点にあったと思われる。

政府の方針転換

追討使になった頼信は、相手が自らに仕えている忠常であり、また長期にわたる戦闘で国土が荒廃していたため、武力による討伐ではなく融和的な解決策をとった。政府もそれを支持しており、それだからこそ頼信を追討使に起用したのである。翌年四月に忠常が降伏を申し出るまで頼信は甲斐国を動いていない。また、追討使に任命されながら半年以上現地に向かわない頼信に政府が催促した様子もない。こうした点からも政府が武力討伐から融和的解決へ方針を転換したことがわかる。

実資への贈物

追討使になってまもなくの九月十一日、頼信は右大臣藤原実資《さねすけ》に糸十絇《く》、紅花《べにばな》（紅色の染料）二十斤《きん》を贈っている。頼信は万寿《まんじゅ》元年（一〇二四）にも桑糸を贈っているが、追討使に任命された直後のことなので、これはやはり政界の長老である実資から今後さまざまな支援を得るためであろう。

実資への糸・紅花の贈物が追討使任命と関わっていたとすると、任命のすぐあとにそれがなされているので、この時頼信は京にいたと思われる。追討使に任命するにあたってさまざまな打ち合わせをするため、頼信は事前に京に呼ばれたのであろう。

忠常の説得

追討使となった頼信は軍勢を動かさず、忠常に戦いを止めて帰降することを勧めた。頼信は京都で僧侶となっている忠常の子を甲斐国に連れ帰っている。彼に父の忠常を説得させるためであろう。忠常としては、「先祖の敵」である常陸平氏と結んでいる直方

「亡国」となった房総三国

従四位下となる

には降伏するわけにはいかなかったが、私的に仕えている頼信からの誘いだったので帰降に向けての話し合いに応じたのであろう。

忠常の態度が軟化したもう一つの理由は、忠常の側にこれ以上戦闘を継続する余力がなかったことである。このころ安房・上総・下総国はもはや「亡国」となっていた（『小右記《しょうゆうき》』長元四年三月一日条）。これは、戦乱が長期にわたっただけでなく、当時の合戦では勝った側が負けた側の根拠地やその周辺、さらには遠く離れた一般兵士の家々までを焼き払う「焦土戦術《しょうどせんじゅつ》」がとられたためである。長元七年の上総国からの報告には、「本来上総国には二万二千九百八十町あまりの田地があったが、乱による損亡のため十八町あまりに減少してしまった。その後、他国に避難した人々が戻り、ようやく千二百町あまりまで回復した」とある（『左経記《さけいき》』長元七年十月二十四日条）。房総三国は疲弊の極みにあり、戦いどころではなかったのである。

政府と連絡を取りながら、頼信は忠常を粘り強く説得したと思われる。頼信が追討使になってから忠常の降伏まで半年以上かかっているのは、説得が決して容易ではなかったことを示している。

長元四年正月六日、頼信は治国加階《ちこくかかい》により従四位下に叙された。治国加階とは、規定通りの租税を政府に納めるなど、受領としてのつとめを無事にはたした者を、その任国数に応じて叙位することをいう。『北山抄《ほくざんしょう》』巻十吏途指南《りとしなん》（加階事）によると、一ヵ国で従五位上、三ヵ国で正五位下、四ヵ国で従四位下の位階が与えられる。ただ、このころは臨時の加階も多くあり、必ずしもこの原則通りではなかった。頼信はこれまで上野、常陸、伊勢、甲斐の四ヵ国の受領になっているが、甲斐国はまだ任期途中である。追討使という重責を担っていることを加味しての叙位であろう。

配流使殺害事件

叙位からしばらくして、甲斐国調庸使《ちょうようし》が配流使《はいるし》左衛門府生《さえもんふしょう》の永正《ながまさ》（姓は不詳）を射殺するという事件が駿河国で起きた。配流使は流人を配流地まで護送する使で、この時は左衛門府生の永正がその任にあたっていた。流人は、伊勢神宮神人《じにん》（下級の神職）に訴えられ、前年末に伊豆国への流罪と決まった前伊賀《いが》守藤原光清《みつきよ》である。その配流先への移送中に駿河・伊豆の国境で起きたのがこの事件である。『小右記』長元四年正月十三日条に、配流使が近江国で群盗に襲われたとあるので、おそらくは年明けに京を出発し、正月末か二月初ころにこの事件が発生したのであろう。

国内の租税を京に運ぶ使を調庸使という。先述したように、このころの甲斐国と京との往来は東山道を使うのが一般的になっていたが、厳寒期のためこの調庸使は山道が多い東山道ルートを避け、東海道ルートを利用したのである。甲斐国府から南下して東海道本路に合流する横走《よこばしり》駅、次の長倉《ながくら》駅あたりが伊豆国に近いので、事件現場はその付近であろう。

頼信の報告

『小右記』長元四年二月二十三日条に、この事件についての甲斐国守源頼信の報告がみえている。それによると、配流使が調庸使の荷物を奪おうとしたので相論になり、左衛門府生の永正が調庸使の運搬人を射殺したため、その運搬人の子が永正を射殺したというのである。もちろん、これは甲斐国側の見解であり、真相は不明である。ただ、翌日の二十四日に犯人追捕の宣旨が出されているので、頼信はその対応に追われたであろう。この事件がその後どうなったかはわからないが、頼信は忠常の説得に加えて自国の調庸使による殺人事件の処理にもあたらねばならなくなったのである。

二　忠常の降伏

忠常の降伏と病死

長元四年四月末、頼信から、忠常が子二人と郎等三人を連れて甲斐国にきたので、来月忠常らとともに上京するとの知らせが京に届いた。ついに忠常が降伏したのである。

頼信は忠常らを従えて京に向かった。しかし、忠常は途中の美濃国で重病となり、六月六日に同国で亡くなった。六月十六日、頼信は忠常の首を携えて入京した。こうして約三年にわたる平忠常の乱はようやく幕を閉じたのである。

長元四年四月から頼信入京までの出来事を簡単にまとめると以上の通りだが、この間の経緯をもう少し詳しく見ていくことにしたい。

甲斐入国ルート

忠常一行は甲斐国の頼信のところに来るのだが、どのようなルートでやって来たのであろうか。上総国方面から官道を利用したのであれば、東海道を西に向かい、先述した駿河国の横走駅から北上して甲斐国府に至るルートになる。しかし、官道は武蔵・相模・駿河国を経由しており、坂東諸国には忠常追討が命じられているので、危険が伴うことになる。

ここで想起されるのが武蔵守平致方《むねかた》の存在である。致方と忠常はともに教通《のりみち》に仕えていたと考えられるので、致方が忠常らの手助けをした可能性は十分にある。つまり、忠常一行は相模・駿河国を経ずに武蔵国を横断して甲斐国に入ったのではないだろうか。武蔵国と甲斐国を結ぶ古道には秩父《ちちぶ》往還（雁坂《かりさか》口）と青梅《おうめ》街道（萩原《はぎはら》口）、さらに近世の甲《こう》州《しゅう》街道に相当する桂川沿いの道の三つがある。もし忠常らが武蔵国を通ったとすると、秩父往還は武蔵国北部から入る道なので、利用したのはおそらく青梅街道か桂川沿いの道のいずれかであろう。

致方との関係

致方は頼信ともつながりがあったと考えられる。致方は皇后娍子《せいし》の乳母子《めのとご》だったが、三条《さんじょう》天皇と娍子の間に生まれたのが小一条院《こいちじょういん》（敦明親王《あつあきらしんのう》）である。小一条院は左大臣藤原顕光《あきみつ》の娘延子《えんし》を妻としていた。治安《じあん》元年（一〇二一）に顕光が亡くなった時、延子所生の敦貞《あつさだ》・敦昌《あつまさ》親王が致方の家に渡っている（『栄花物語《えいがものがたり》』十六）。つまり、致方は顕光の死去時に小一条院の子供たちの世話をしていたわけであり、娍子だけでなくその子の小一条院との関係もうかがうことができる。

頼信は三条天皇の父冷泉院《れいぜいいん》の判官代《ほうがんだい》だったと考えられ、兄の頼光《よりみつ》と弟の頼範《よりのり》は三条天皇の譲位後に院別当《いんのべっとう》・院蔵人《いんのくろうど》になっている。そして、頼信の子頼義《よりよし》は小一条院判官代である。

このように、致方と頼信はともに三条天皇や小一条院の関係者であり、旧知の間柄だった可能性が高い。そうすると、忠常の甲斐入国の手助けだけでなく、致方は忠常の説得にも頼信と連携してあたっていたのではないだろうか。

忠常の子の帰国

頼信は忠常を連れて京に向かうのだが、忠常の子二人（おそらくは常昌《つねまさ》と常近《つねちか》）は、甲斐国までは来たものの、上京せずに国元へ戻ったらしい。美濃国で死去した忠常の首を持って上京し、またその首を返給されたのがいずれも従者であり、また長元四年六月末の陣定《じんのさだめ》で常昌・常近を追討するか否かが問題になっているのは、彼らが上京しなかったことを示している。三年前の『小記目録《しょうきもくろく》』長元元年六月五日条に、「平忠常幷《ならび》に常昌等を追討すべき宣旨《せんじ》の事」とあり、少なくとも常昌は追討対象となっている。そして子二人は甲斐国まで来ているので、本来であれば子らも上京させるべきだが、なぜか頼信は彼らを同行していない。忠常と頼信との間でなんらかのやりとりがあったものと思われるが、詳細は不明である。

忠常死去の場所

頼信の報告によると、忠常は五月二十八日から重病となり、六月六日に亡くなっている。忠常が死去した場所は、『左経記《さけいき》』長元四年六月十一日条に美濃国野上《のがみ》とある（次頁の図参照）。これは不破《ふわ》郡野上郷、現在の関ケ原町野上であろう。一方で、同十二日条には美濃国厚見《あつみ》郡、『扶桑略記《ふそうりゃっき》』同年六月十六日条には美濃国山県《やまがた》（山県郡のことであろう）で忠常が死去したとある。この点について注意されるのは、頼信が「忠常帰降の由《よし》の申文《もうしぶみ》」を美濃国大野《おおの》郡から送っていることである（『左経記』同年六月七日条）。大野郡からみて野上は西、厚見郡と山県郡は東になる。したがって、頼信が申文を送ったところが

忠常の死因

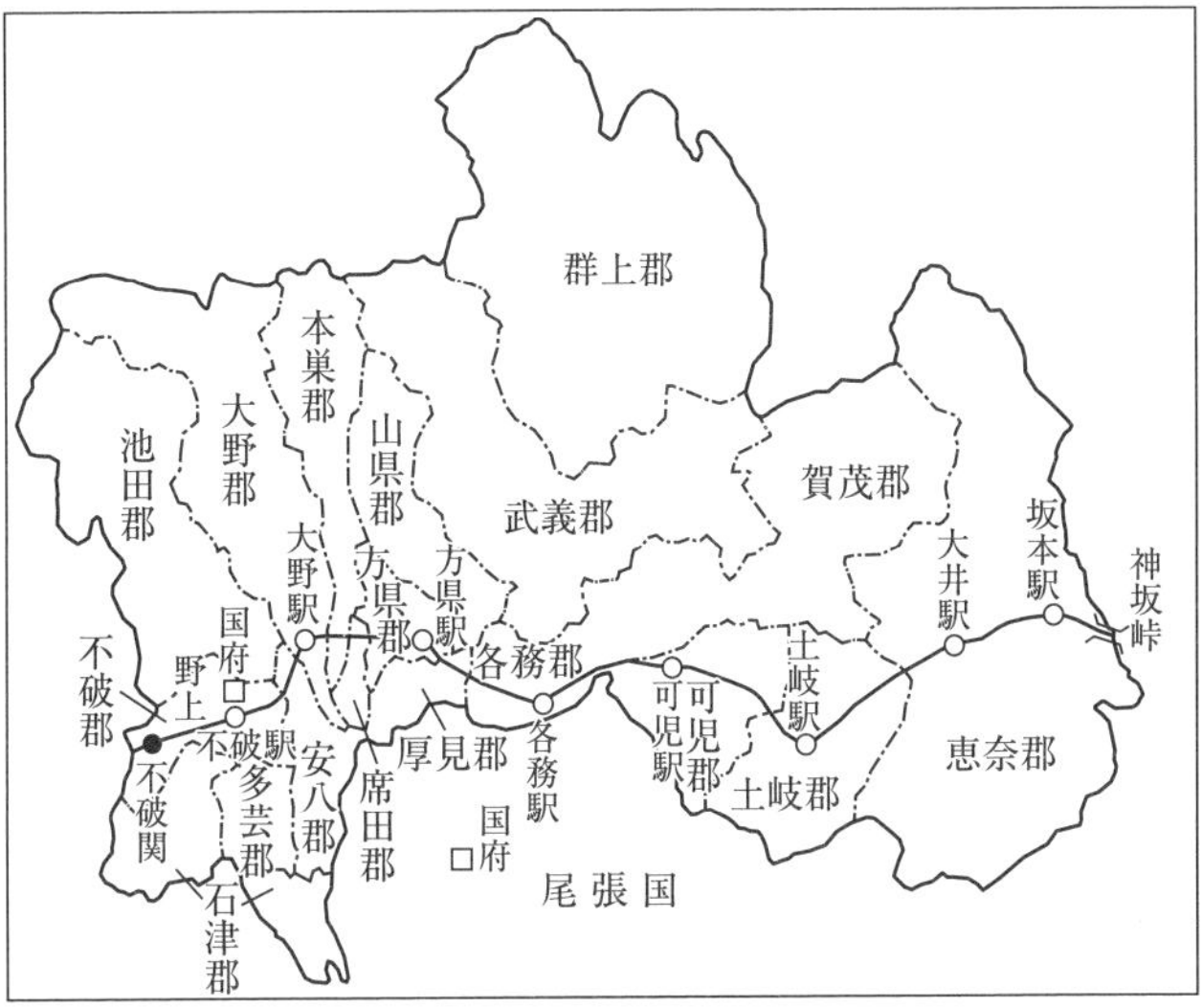

美濃国の郡と東山道

大野郡ならば、忠常は大野郡よりは西に進んでいるはずなので、忠常が死去した場所は野上ということになろう。

ところで、忠常が病により死去したというのは本当のことであろうか。六日に忠常が亡くなると、美濃国司は実地検分して報告書を書くのだが、それは十二日に京に届けられている。きわめて迅速な措置であるといえよう。ちなみに、この時の美濃守は頼通家司《よりみちけいし》の藤原庶政《ちかまさ》である。また、忠常の子常昌・常近は同行しておらず、その後二人の罪はうやむやにされている。つまり、忠常の死により乱が終結し、忠常以外の者は責任を問われなかったのである。結果的には忠常は乱の責任を一身に背負って亡くなったといえよう。もちろん、本当に病死だったのかもしれないが、その死因については検討の余地が残されているように思われる。

常昌・常近の扱い

六月二十七日、陣定が開かれ、頼信の褒賞と忠常の子常昌・常近の扱いについて審議がなされた。頼信の褒賞については彼の意向を聞いて賞することとなった。常昌・常近については、主犯の忠常が亡くなったので二人を許そうという意見と、二人は降伏状を出していないので追討すべきであるとの意見に分かれた。しかし、後者の意見も、坂東諸国の疲弊が甚だしいので諸国の復興を優先し、追討を行うかどうかはその後定めるというものであった。この時は後者の意見が採用されたらしいが、常昌・常近の子孫は千葉氏・上総氏として繁栄しているので、結局二人が罪に問われることはなかったようである。

三　頼信と美濃国

褒賞として丹波守を希望

長元四年七月一日、頼信が蔵人頭《くろうどのとう》藤原経任《つねとう》のところに来た。経任が褒賞の希望を聞くと、頼信は年老いて遠い国への赴任は難しいので丹波国の受領を希望すると答えた。丹波守のポストが頼信に褒賞として与えられることになったのである。院政期になると、重任《ちょうにん》（再任）や遷任《せんにん》（任期途中あるいは任期終了後すぐに別の国の受領になること）は頻繁にみられるようになるが、このころはまだ事例は少なく、かつ重任や遷任が認められたのはいずれも天皇や摂関家の関係者であった。さらに、丹波国は都に近いだけでなく受領収入の多い裕福な国であった。そのため、丹波国受領のほとんどが天皇や摂関家関係者で、長元四年までは道長家司源高雅《たかまさ》の子で後一条天皇乳母子の源章任《あきとう》が受領であった。

甲斐守の任期を二年残しているとはいえ、丹波国への遷任は異例の褒賞であったといえよう。同様の例としては、正暦《しょうりゃく》三年（九九二）に源忠良《ただよし》が阿波国の海賊を追討し、その褒賞として阿波守に任命されているが、阿波国と丹波国とでは受領収入に格段の違いがあり、こうした点からも忠常の乱を収束させた頼信の功績が非常に高く評価されたことがわかる。

実資へのお礼

頼信は七月十三日に絹・細手作布《さよみのてづくりぬの》を、十五日に紅花・鴨頭草移《つきくさのうつし》（青色の染料）を実資に贈っている。『小右記』をみると、忠常の帰降やその後の褒賞に際して実資が頼信の世話をしている様子がうかがえるので、これらは実資の支援に対する頼信からのお礼の品々であろう。なお、頼信は翌年の十一月、十二月にも絹・綿、絹・糸を実資に贈っている。

美濃守に変更

二ヵ月あまりたった九月十八日、頼信は権僧正尋円《じんえん》を介して、母の墓が美濃国にあり、その菩提《ぼだい》をとむらう仏事を行いたいので、任国を丹波国から美濃国に変更したいと実資に連絡をよこした。本当の理由は、坂東の者が多数頼信に従うことになったので、往き来するには美濃国の方が便利であると頼信が判断したためらしい。忠常の乱を武力を用いずに鎮めたことにより、頼信が貴族たちの間で名声を得、その結果頼信に従いたいという者が多くあらわれたのである。この日実資のところに来たのは尋円なので、頼信は甲斐国に戻っていたようである。甲斐国に戻ると、東国の者が次々に頼信に従うことを申し出たので、頼信は任国を丹波国から美濃国に変えたのであろう。

東国の豪族との関係

では、なぜ東国の者たちは頼信に従おうとしたのであろうか。それは頼信の権威に頼る、あるいは頼信の力を借りて中央の有力貴族と関係を持つためであろう。地方の豪族は、下級官人のポストや位階を得るだけでなく、自国の受領に対抗するためにも、権威や権力のある者と関係を持つ必要があった。長保《ちょうほう》元年（九九九）に常陸の豪族平維幹《これもと》が実資の手配で五位の位《くらい》を得ようとした時、その仲介をしたのは常陸介の平維叙《これのぶ》であった。この場合は、仲介役をしたのは同じ常陸国の受領で、かつ維幹と同族の維叙だったが、頼信の貴族社会における評価が大いに高まり、また頼信は上野・常陸・甲斐国の受領をつとめていたので、それらの国々を中心に東国の豪族が頼信に従おうとしたのであろう。

上京時期

この日尋円は、頼信が京に戻るのは年内と年明けのどちらがいいか、厳寒期の神坂《みさか》峠は越え難く、正月の間は利用できないので、どうすればいいかと実資に尋ねている。これに対し実資は、正月の除目《じもく》（官職を任命する政務）で他国に任じられてから上京するのは道理にかなわない、年内に戻るのがよいと答えている。したがって、頼信は年内に甲斐国から京に戻ったと思われる。

母の墓

ここで頼信母の墓がなぜ美濃国にあるのかについて考えておきたい。頼信母と美濃国の関係で想起されるのが、頼信母の父藤原致忠《むねただ》が美濃国で殺人事件を起こしていることである。これは長保元年に致忠が美濃国で前相模介橘輔政《すけまさ》の子と郎等二人を殺害したもので、残念ながらこの事件の詳細は不明である。この事件のことは『今昔物語集《こんじゃくものがたりしゅう》』二十三―十三にもみえるが、注目したいのは、致忠が「美濃国ノ途中ニシテ」、つまり美濃国へ向かっている時に事件が起きたとしていることである。したがって、この記述が正しいとすると、この時の致忠の行き先は美濃国だったことになる。では、なぜ美濃国に行ったかだが、そこに居宅や所領があったからではないだろうか。そうすると、あくまで推測だが、頼信母は晩年をそこですごし、そのため美濃国に墓があったのかもしれない。

任符の申請

長元五年二月八日、頼信は美濃守に任じられた。例年だと除目は正月末に行われるが、この年は関白頼通が病気のため除目が遅れたのである。二月二十日、頼信は「先例にならって、本任の放還《ほうかん》を待たずに籤符《せんぷ》を給《たま》い任国に赴く」ことを申請した（『類聚符宣抄《るいじゅうふせんしょう》』八）。受領が新たに別の国の受領となる時は、受領をつとめていた国で新任受領との間でさまざまな交替事務を完了させないと（本任の放還を待たないと）、任符（籤符）が出されず、任国に赴任できなかった。しかし、受領が任期途中で別の国に遷る場合は、本任国での交替事務が終わっていなくとも任符が出されて任国に赴くことが恒例となっていたので、頼信はそのことを申請したのである。

美濃国赴任

その後、政府から任符が出され、頼信は美濃国に向かった。『左経記』長元五年三月十日条に、参議右大弁源経頼《つねより》（『左経記』は経頼の日記）のところに美作《みまさか》・讃岐・参河国の受領が赴任の挨拶に来て、明日任国に下向すると言った、また丹波・備後国の受領も明日任国に下向するらしいとの記述がある。頼信が都を出発したのもこのころであろう。あるいは、頼信はあらかじめ美濃守になることはわかっていたので、赴任準備が早くに終わり、もっと前に美濃国に向かっていたかもしれない。

美濃国府

　美濃国の国府は岐阜県不破《ふわ》郡垂井《たるい》町府中にあり、国庁《こくちょう》の正殿《せいでん》と東西の脇殿《わきでん》が発掘調査で見つかっている。それらの建物は、第Ⅰ期から第Ⅲ期まであり、ほぼ同じ場所で建て替えられている。第Ⅰ期は八世紀前半以降、第Ⅱ期は八世紀後半以降、第Ⅲ期は九世紀前半以降と推定されている。十世紀になると国庁の建物は使われなくなり、頼信のころは国司の館で政治をとっていたらしいが、その場所などはまだわかっていない。

美濃国庁跡

頼信の娘と美濃国池田郡

　頼信は母の墓が美濃国にあることを

美濃守を希望する理由としたが、実はもう一つ頼信には美濃国とのつながりがあった。それは頼信の娘が美濃国池田郡の領主紀維貞《これさだ》の妻となっていたことである。

維貞の曽祖父は『古今和歌集《こきんわかしゅう》』真名序《まなじょ》の作者として著名な紀淑望《よしもち》である（次頁の系図参照）。『尊卑分脈《そんぴぶんみゃく》』の注記によると、池田郡の領主だった維将《これまさ》の娘と淑望との間に生まれたのが維貞の祖父維実《これざね》である。『尊卑分脈』の注記には、維実は宮内少輔《くないしょうほ》、維貞の父維望《これもち》は薩摩《さつま》守とあるが、維実は「池田宮内少輔と号す」「始めて当国に住む」、維望は「常に在国」とされている。したがって、美濃国を拠点としながら中央にも出仕していたようだが、維貞には注記がなく、頼信の娘を妻とした経緯は不明である。なお、頼信は美濃守になった時すでに高齢であったので、頼信の娘が紀維貞の妻となったのは頼信の美濃守任命以前と考えてよいであろう。

維貞の子孫

維貞の子公貞《きみさだ》は、『尊卑分脈』の注記に「外伯父頼義・太郎義家《よしいえ》と奥州貞任《さだとう》・宗任《むねとう》との十二年合戦（前九年合戦）の時、弓の上部を目立つように白くしたので、白木大夫《しらきたいふ》として有名になった者である」とあり、母方の伯父頼義に仕え、前九年合戦《ぜんくねんかっせん》で活躍した。その孫や曽孫も治承《じしょう》・寿永《じゅえい》の内乱時に源氏方についたとあるので、代々池田郡司職を保持しながら清和源氏に仕えていた。一方で、その所領は京の権門に寄進されて池田庄と

頼信加判の名田売買関係文書

なり、紀氏が荘官をつとめた。平安時代末の池田庄の領家は久我家、本家は新熊野社であった。

美濃守時代の頼信の事績はよくわからないが、国立公文書館内閣文庫所蔵『為房卿《ためふさきょう》記《き》』紙背文書《しはいもんじょ》のなかに頼信が加判した文書の写しがある（次頁の図参照）。長元八・九年ごろの美濃国池田郡司五百木部惟茂《いおきべのこれもち》の名田《みょうでん》売買関係文書がそれである（足利健亮・金田章裕・田島公「美濃国池田郡の条里―「池田郡司五百木部惟茂解」の紹介と検討を中心に―」、田島公「「美濃国池田郡の条里」追考―「安八磨（安八）」郡名の由来と「紀（池田）氏系図」所引美濃国池田郡関係史料の検討―」）。

これは、五百木部惟茂の立券《りっけん》（土地売買の官司による証明）申請文書と、その売買を審査して郡司と国司が署名・加判した文書からなる。これらの文書には、池田郡司五百木部惟

〔紀維貞関係系図〕

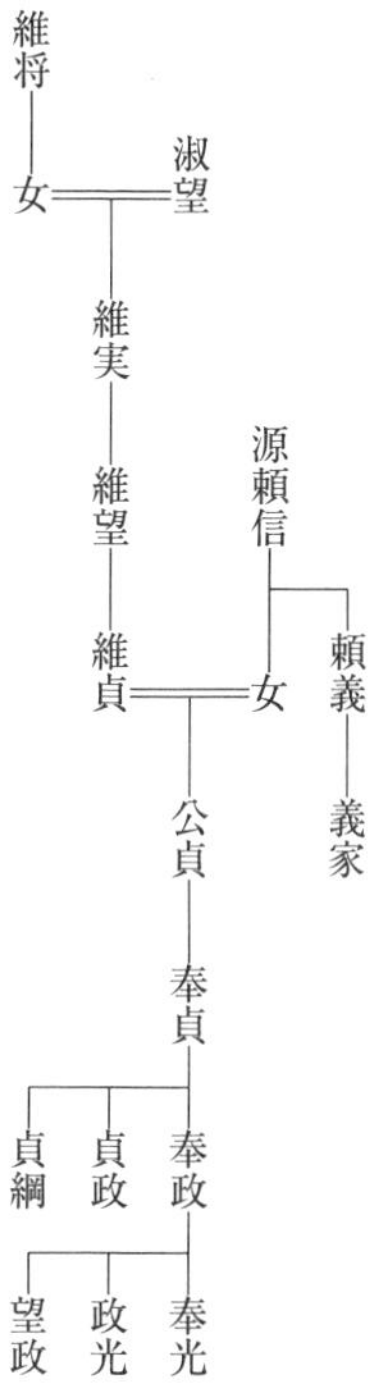

売却先は頼信個人か

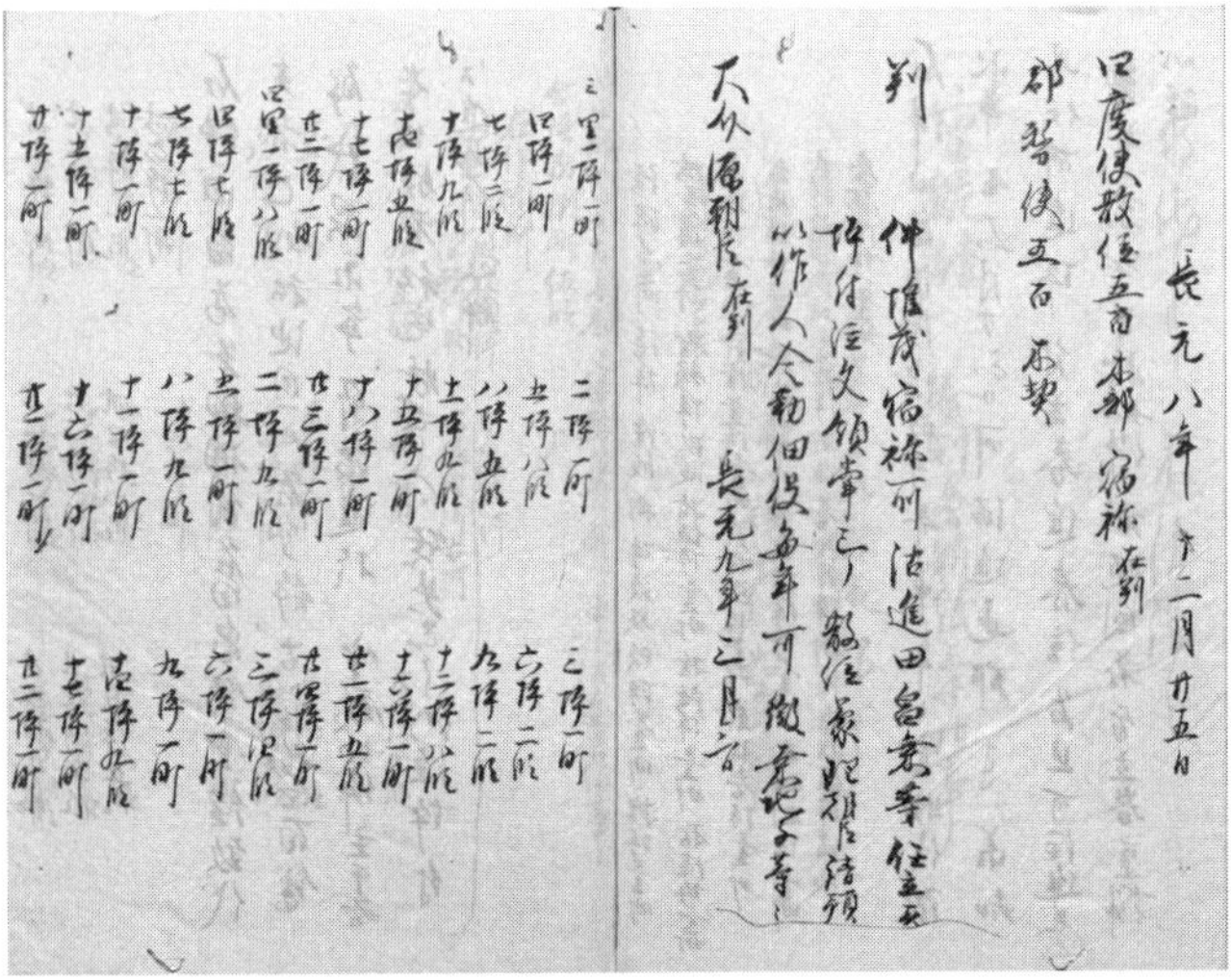

「池田郡司五百木部惟茂解」『為房卿記（大御記）』
（国立公文書館デジタルアーカイブより）

茂が同郡伊福《いふく》郷にある「先祖相伝の名田畠」を、累積した未納官物四百余石の代わりに「守殿《かみどの》」（頼信）に長元八年十一月二十三日に売却したこと、郡司がそれを承認し、惟茂が売却した「名田畠《みようでんばた》」を「春信名《はるのぶみよう》」として同年十二月二十五日に立券したこと、その「名田畠」は「散位蒙理〔義カ〕朝臣」が徴税責任者として請け預かり、「作人《さくにん》」に「佃役《つくだやく》」をつとめさせ「桑地子等《くわじしとう》」を徴収することなどが記され、最後に頼信が長元九年三月三日に判（国司証判《こくししようばん》）を加えている。

　長元九年五月に橘義通《よしみち》が美濃守とみえるので、頼信の美濃守の任期は長元五年~八年の四年間と考えられる。しかし、長元九年三月三日に頼信が加判しているのは、新任国司が任国に赴任するのはだいたい三月中旬ごろなので、橘義通はまだ美濃国に来ておらず、また「名田畠」の売買は長元八年から続く案件だったためであろう。

この文書を分析した田島公《いさお》氏は、「守殿」（頼信）への「名田畠」の売却は、国守の役職に付帯した所領となったことを意味し、頼信個人への売却ではないとする。しかし、受領は任期の最終年（頼信の場合は長元八年）に収入の確保を図るのが一般的である。さらに、頼信の娘が同じ池田郡の領主紀維貞の妻となっており、頼信と池田郡の関係は深いので、頼信個人への売却とすることも十分可能であろう。そうすると、それら「名田畠」の徴税責任者となった「散位蒙〔義カ〕理朝臣」はおそらく紀氏の一族であろう。つまり、この名田売買関係文書は、頼信が娘の嫁ぎ先である紀氏の協力を得て、任期の最終年に池田郡に一定の所領を得たことを示しているのではないだろうか。

以上、本章では、頼信の追討使任命から平忠常の降伏と死、そして美濃守時代の頼信について述べた。次章では、最後の任国である河内国と頼信についてみていきたい。

第八　頼信と河内国

一　河内守就任と頼信の死

最後の任国

頼信が最後に受領《ずりよう》をつとめたのは河内国である。『尊卑分脈《そんぴぶんみやく》』の頼信の注記に「河内」とあるだけでなく、『今昔物語集《こんじやくものがたりしゆう》』二十五―九、『宇治拾遺物語《うじしゆういものがたり》』百二十八、『陸奥話記《むつわき》』でも頼信は「河内守」とされているので、頼信が最晩年に河内国の受領となったことは間違いない。

河内国府

河内国府は、『和名類聚抄《わみようるいじゆうしよう》』に「国府は志紀《しき》郡に在り」とあることなどから、大阪府藤井寺市の国府《こう》遺跡付近とする説が有力である。この周辺には「国府」「惣社《そうじや》」などの地名が残っている。またすぐ近くを、東西に大津道《おおつみち》（長尾《ながお》街道）、南北に東高野《ひがしこうや》街道が通り、大和川《やまとがわ》と石川の合流点も近く、交通の要衝でもあった（一三四頁の図参照）。

受領収入の少ない国

河内国は、丹波国や美濃国と異なり、受領収入の少ない国である。治安《じあん》元年（一〇二一）

国府遺跡

～万寿《まんじゅ》元年（一〇二四）に河内守をつとめた菅原為職《ためもと》は、「（河内国は）亡国だが、任期中に租税をすべて納めた」（『小右記《しょうゆうき》』長元《ちょうげん》元年九月二十八日条）ことが評価され、摂津守に任じられている。また、前司が死去した時は交替使《こうたいし》（前司に代わって交替事務を行う使）が派遣されるのだが、長元四年（一〇三一）七月八日の河内国解《げ》は、「此国凋弊難治《ちょうへいなんち》第一」のため、「供給雑事《きょうきゅうざつじ》」（中央から派遣された使のための諸費用）の負担が大きい交替使の下向停止を求めている（『朝野群載《ちょうやぐんさい》』二十六、国史大系は長久《ちょうきゅう》四年とするが、長元四年の誤り）。さらに、永長《えいちょう》元年（一〇九六）に河内守になった藤原公経《きみつね》が「収入の多い国

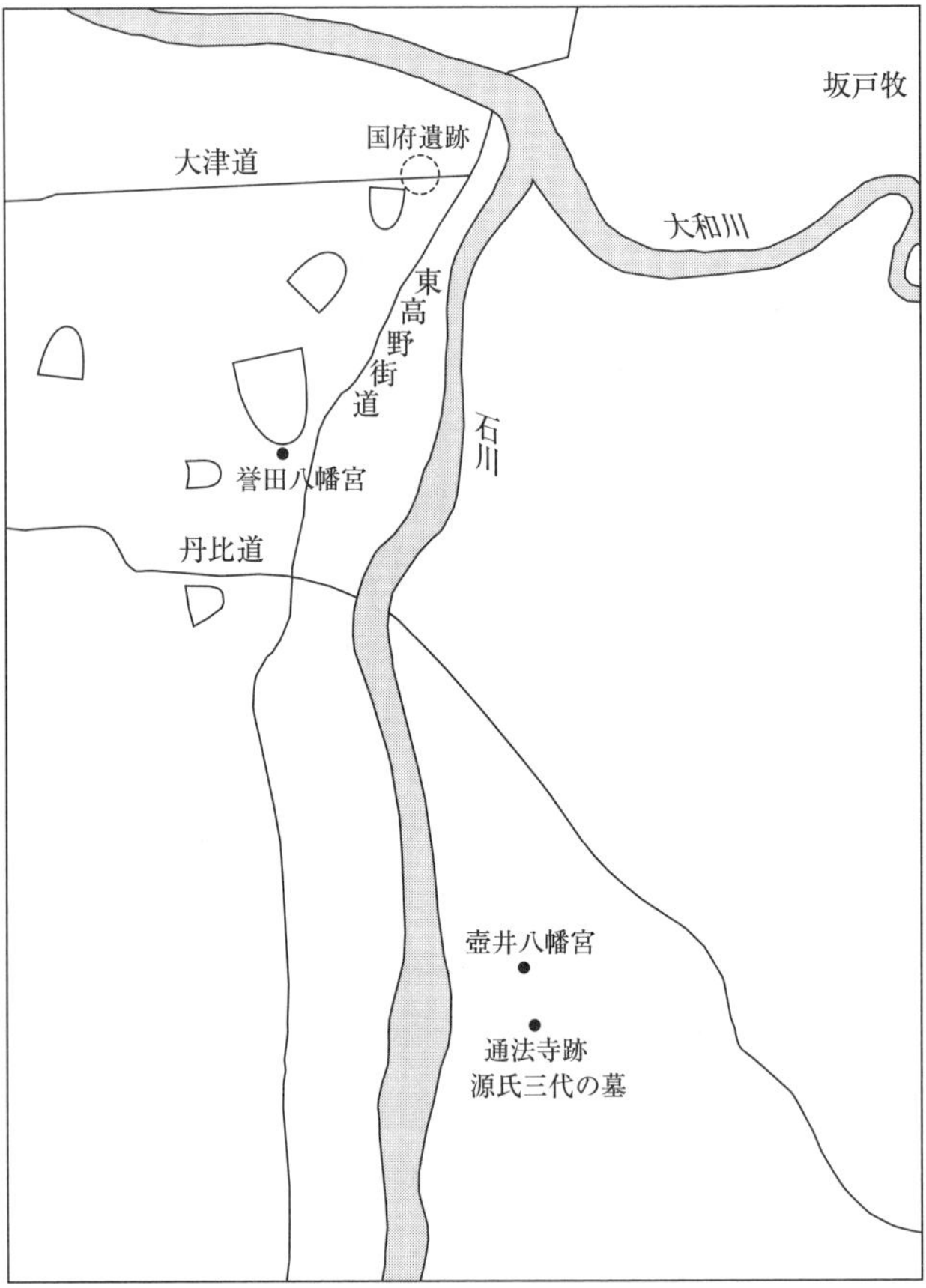

河内国府とその周辺

の受領になったならば寺などを造ろうと思ったが、河内国というたいしたことのない国の受領になったので、「しかたない、古寺を修理しよう」と思った」という話が『今《いま》鏡《かがみ》』（むかしがたり第九）に載せられている。このころの河内国は国力が衰えて受領収入はあまり期待できない国だったのである。

都から近い国

当時は、受領になるためには申文《もうしぶみ》という任官希望書を政府に提出せねばならなかった。今述べた菅原為職を例にとると、摂津守大江景理《かげまさ》が亡くなったため、後任を選ぶことになり、三人が申文を出したが、為職の河内守時代の治績が評価され、為職が新国守になったのである。したがって、頼信は受領収入が少ないことを承知の上で河内守を希望したことになる。先述したように、平忠常《ただつね》の乱後、頼信は老齢のため遠国に赴任することは難しいと言っているので、頼信は受領収入よりも都からの近さを重視したのであろう。

頼信の死去

頼信はいつ河内守になったのであろうか。長元九年以降の河内守は、長暦《ちょうりゃく》元年（一〇三七）～長久元年（一〇四〇）が藤原親国《ちかくに》、長久二年～寛徳《かんとく》元年（一〇四四）が清原頼隆《よりたか》と推定でき、また頼信がかなりの高齢であることを考えると、頼信が河内守になったのは寛徳二年とするのが妥当であろう。「源頼信告文《こうもん》」が永承《えいしょう》元年（一〇四六）の奉納とされているのは、その時頼信が河内守だったことによっているのであろう。

なお、永承三年十二月に大江時棟《ときむね》が河内守とみえるので、寛徳二年に頼信が河内守になったとすると、四年間の任期が終わる前に辞任、もしくは死去した可能性が高い。頼信がいつ亡くなったのかはよくわからないのだが、『尊卑分脈』の異本や『諸家系図纂《しょけけいずさん》』が頼信の没年を永承三年とするのは、あるいは事実を反映しているのかもしれない。生年が安和元年（九六八）、没年が永承三年だったとすると、頼信は八十一歳で亡くなったことになる。いずれにせよかなりの長寿であったといえよう。

河内守までの期間が空いた理由

頼信は長元八年に美濃守の任期を終えているので、河内守になったのが寛徳二年とすると、河内守になるまで九年かかったことになる。受領功過定《ずりょうこうかさだめ》が長引いたため、常陸介を終えて次の伊勢守になるまで約十年あったが、今回長い時間を要したのは、子である頼義《よりよし》・頼清《よりきよ》が続けて受領になったことが関係していたと思われる。頼義は長元九年に相模守に任じられ、頼清も長久三年ごろに陸奥守となっている。父子が同時に受領になると、その一家の収入は莫大なものとなる。そのため、院政期になると珍しいことではなくなるが、摂関期においては父子同時の受領就任はほとんどみられない。つまり、頼信は子二人が受領になることを優先させたのであろう。その結果、河内守になるまで長い時間がかかったのではないだろうか。

河内源氏の拠点、壺井

河内源氏の本拠となった壺井《つぼい》は、国府遺跡から南へ約六キロのところにある。頼信がこの地に所領を得たのは河内守になる前か後かは判断が難しい。受領が国内に所領を確保するのはよくみられることなので、壺井の地を手に入れたのは河内守になってからかもしれない。『通法寺興廃記《つうほうじこうはいき》』や『河内源氏詞之伝《かわちげんじことばのでん》』は、頼信が寛仁《かんにん》四年（一〇二〇）にこの地に館を構えたとするが、それらはあくまで江戸時代の所伝であり、信憑性は低い。しかし、寛仁四年かどうかはともかく、壺井に居宅があったので頼信は河内守を希望したと考えられなくもない。ただその場合でも、頼信が河内守になったことを契機に、壺井が河内源氏の本拠として大きく発展したことは間違いないであろう。

頼義と壺井

壺井にある通法《つうほう》寺と壺井八幡宮は頼義の代に創建されたといわれている。通法寺は、頼義が狩猟中に野火で焼けた草堂跡から千手観音像を見つけ、それを持ち帰って堂舎を建てたのが始まりという。壺井八幡宮は、頼義が前九年合戦《ぜんくねんかっせん》出陣時に戦勝を石清水《いわしみず》八幡宮に祈願し、凱旋《がいせん》後八幡神を勧請《かんじょう》したのがおこりと伝えられている。

このうち通法寺は明治の廃仏毀釈《はいぶつきしゃく》で廃寺となり、今はその跡だけが残っている。旧境内に頼義、東南の丘陵上に頼信・義家《よしいえ》のいわゆる源氏三代の墓がある。

石川荘の成立

壺井八幡宮

頼義は通法寺に田地四町三反を寄進していたが、その後所領が拡大し、義家の時代にそれらがまとめられて石川荘が成立する。石川荘は石川郡内にある約七十町歩の田畠から構成され、その範囲は、現在でいえば壺井のある羽曳野《はびきの》市だけでなく、南の富田林《とんだばやし》市東部から千早赤阪《ちはやあかさか》村付近にまで広がっている。寛治《かんじ》五年（一〇九一）、義家の郎等と義家の弟義綱《よしつな》の郎等が河内国の所領をめぐって争い、義家と義綱が京に多くの兵を集めてあやうく合戦になりかけたが、それは石川荘ないしはその周辺の所領をめぐる対立であったらしい。石川荘

源頼義の墓

源義家の墓

はその後義家の子義時《よしとき》の系統に伝えられる。この系統は代々石川氏を名乗り、石川源氏と呼ばれる（羽曳野市史編纂委員会編『羽曳野市史　第一巻本文編一』）。

二　頼信と坂戸源氏

坂戸源氏の拠点

国府遺跡の東方、大和川右岸の坂戸牧《さかとのまき》（坂門牧）を本拠としたのが坂戸源氏である。坂戸源氏は文徳《もんとく》天皇の子の源能有《よしあり》に始まる文徳源氏で、院政期には康季《やすすえ》や季範《すえのり》・近康《ちかやす》が院北面《いんのほくめん》として活躍している。

坂戸牧は壺井の近くにあり、頼信が河内守に任じられる前に、次に述べる藤原公則《きみのり》が河内守となっているので、頼信は坂戸源氏となんらかの関わりを持っていたものと思われる。そして、院政期には坂戸源氏の資遠《すけとう》（康季の子）の娘が源為義《ためよし》の妻になっているので、その後も河内源氏と坂戸源氏の関係は続いたようである。

坂戸牧が坂戸源氏の本拠となったのは、藤原公則が長元年間に河内守になったことが契機と考えられる。公則は利仁《としひと》流の藤原氏で、頼信の乳母子《めのとご》藤原親孝《ちかたか》の父貞正《さだまさ》は従兄弟である（次頁の系図参照）。公則は早くから道長に仕えて家司《けいし》となった。道長からも「下臈《げろう》

〔『尊卑分脈』（文徳源氏・時長孫）〕

（文徳源氏）

能有―（三代略）―兼宣
　　　　　　　　　‖―章経―公則―公貞（員）―信季―康季―季範
　　　　　　　　伊傅女　　　　　├忠念　　　　　　　　　├近康
　　　　　　　　　　　　　　　　　　　　　　　　　　　　└資遠

（時長孫）

利仁―叙用―吉信―重光―貞正―正重―景道（通）
　　　　　　　　│　　　　　└親孝
　　　　　　　　├伊傅―公則―公員（貞）―信季―康季―季範
　　　　　　　　│　　　　　│　　　　　　　　　　　└近康
　　　　　　　　│　　　　　├則経―則明
　　　　　　　　│　　　　　└忠念
　　　　　　　　├則親
　　　　　　　　├則信
　　　　　　　　└則清

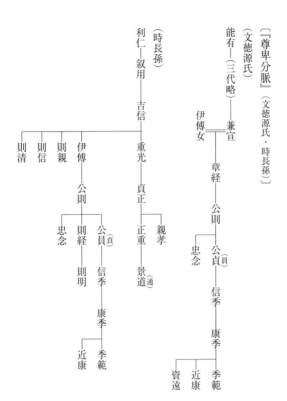

と雖《いえど》も、相従《あいしたが》ふこと年久《としひさ》し」（『御堂関白記《みどうかんぱくき》』寛弘《かんこう》七年十一月二十八日条）とされ、信濃・肥《ひ》後《ご》・河内・駿河・伊賀国の受領を歴任している。

『小右記』万寿四年三月二十七日条によると、坂戸牧は道長領であった。その坂戸牧のある河内国に受領として赴任したことにより、公則が坂戸牧の管理に関わるようになったのであろう。

藤原姓から源姓へ

公則は藤原氏だが、公則の姉妹が文徳源氏の源章経《あきつね》の母だった縁で（『尊卑分脈』文徳源氏の章経の注記に「母は伊傳《これすけ》の女」とある）、公則の子公員《きみかず》（公貞《きみさだ》）の系統が源姓を名乗るようになったらしい。ただ、『尊卑分脈』（文徳源氏）では公則が章経の養子となっているが、公則は章経の叔父なので、世代的に不自然である。また、公則の姓は晩年まで藤原であり、『尊卑分脈』（文徳源氏）に公員の子信季《のぶすえ》に「本姓源氏に帰す」と注記されているので、源姓に変わるのは信季からであろう。

公則の子の忠念《ちゆうねん》は『尊卑分脈』（時長孫）に「河内国住人、坂戸禅師《ぜんじ》と号す」とあり、子の代には坂戸に住むようになっていた。ただ、公則の孫の信季には「河州坂戸に住む」とあるが、子の公員には坂戸に住んだという注記がなく、また信季の実父は忠念なので、坂戸が拠点となるのも信季の代になってからのことであろう。

頼信との関係性

さて、『尊卑分脈』（時長孫）には、公則に「後二条殿下《ごにじょうでんか》家司（中略）頼信卿の命により則経《のりつね》を以て子となす、養父と同名は憚《はばか》りあるの由《よし》、申請す、仍《よ》て則継《のりつぐ》に改むと云々《うんぬん》」、子の則経に「頼信朝臣郎従《ろうじゅう》、実は八条大納言国経《くにつね》卿の子忠幹《ただもと》の孫、従五位上河内守惟《これ》忠《ただ》の子なり」「則継に改む」、孫の則明《のりあき》に「頼義朝臣郎等《ろうとう》七騎の内なり」という、頼信や頼義の名前がみえる注記がある。しかし、公則を道長ではなく「後二条殿下」（道長曽孫の師通《もろみち》）の家司とし、則経を頼信の郎従とするなど、公則や則経の注記にはそのままでは理解しがたい点が多い。これらの注記はどのように考えればよいのであろうか。

信憑性に欠ける記述

則経が公則の養子で、実父は長良《ながら》流藤原氏の惟忠だったことは、『尊卑分脈』（長良卿孫）に惟忠の子に則経がみえ、その注記に「河内守公則、子と為す」とあるので事実であろう。しかし、頼信の命で公則が則経を養子にしたとは考えにくい。なぜなら、公則は道長の家司を長年つとめ、五ヵ国の受領を歴任し、従四位下にまでなった人物である。また、則経の実父惟忠は、寛弘《かんこう》八年（一〇一一）に左馬助《さめのすけ》、長和《ちょうわ》五年（一〇一六）に左衛門佐《さえもんのすけ》、万寿三年に少納言《しょうなごん》、長元二年に尾張守とみえ、則経も長元五年に春宮少進《とうぐうしょうしん》、長久二年に右衛門尉《うえもんのじょう》検非違使《けびいし》・女院蔵人《にょいんくろうど》、康平《こうへい》四年（一〇六一）に前上総介、延久《えんきゅう》五年（一〇七三）に河内守とみえる。

このように、公則、惟忠、則経はともに一般的な中級貴族であり、頼信とのつながりを見いだすことはできない。したがって、公則に則経を養子にするよう頼信が命じたというのは不自然である。そもそも『尊卑分脈』の公則の注記には、道長家司の公則を「後二条殿下」、すなわち師通の家司とするなど、世代的にとうてい公則の注記とは考えられないものがみられるのである。

もう一人の則経

次に、則経の「頼信朝臣郎従」という注記だが、今述べた則経の経歴をみれば、これも不自然といわざるをえない。

実はこのころ藤原則経がもう一人いた。前九年合戦後の康平七年に安倍宗任《むねとう》以下の降人を陸奥国から連行した正六位上鎮守府軍監《ちんじゅふぐんげん》の藤原則経である（『朝野群載』巻十一康平七年三月二十九日官符）。先の則経は前九年合戦さなかの康平四年九月に陪従《べいじゅう》として頼通の賀《か》茂詣《ももうで》に従っている。また、この時前上総介とあり、すでに五位になっていることがわかる。したがって、康平七年に正六位上で鎮守府軍監だったこの則経とは明らかに別人である。もちろん、前九年合戦時の鎮守府将軍は頼義であるから、「頼信朝臣郎従」というのはこちらの則経のことであろう。

この則経の出自は不明だが、公則の父伊傅の兄弟には名前に「則」の字を持つ者が複数おり、また頼信の乳母子藤原親孝やその甥で頼義郎等の景道《かげみち》も伊傳の兄重光《しげみつ》の系統なので、おそらくは同じ利仁流の者であろう。

則経の子の則明は、『陸奥話記』に黄海《きのみ》の戦いで頼義を助けて最後まで奮戦したことがみえるので、「頼義朝臣郎等七騎」という注記と矛盾はない。そして則明の父としてふさわしいのは鎮守府軍監の則経である。

公則の注記

このように、惟忠の子で公則の養子となった則経と、頼信郎等で鎮守府軍監の則経の二人の則経がいた。そうすると注目されるのが、「養父と同名は憚りあるの由、申請す、仍て則継に改むと云々」という公則の注記である。公則と則経は同名ではないので、この部分は明らかに公則に関する注記ではない。ただ、この注記が則経についてのもので、二人の則経が養父と養子の関係にあったとすれば説明がつかないことはない。つまり、公則の養子の則経が頼信郎等の則経を養子にしたのではないだろうか。そして、「頼信卿の命により」とあるように（「頼信卿」は「頼信朝臣」の誤りであろう）、それには頼信が関わっていたのではないだろうか。「養父と同名は憚りあるの由、申請す、仍て則継に改むと云々」は公則ではなく、則経の注記とすればつじつまがあうのである。これを系図にすると、公則―則経―則経（則継）―則明となる。

師通家司は誰か

「後二条殿下家司」についても、公則の養子の則経なら師通の家司だった可能性がないわけではない。師通は康平五年（一〇六二）生まれだが、則経は延久五年（一〇七三）に河内守としてみえているので、少なくとも師通が十二歳の時までは存命していた（没年は不明）。そして、則経は春宮（敦良《あつなが》親王、のちの後《ご》朱雀《すざく》天皇）少進、女院（上東門院《じょうとうもんいん》藤原彰子）蔵人をつとめるなど、摂関家に近い人物だったからである。

公則の注記について憶測を述べてきたが、公則の近くに養子の則経と、頼信郎等の則経の二人の則経がいたことは間違いない。ところが、『尊卑分脈』ではその二人が一人の人物とされてしまい、その結果、公則周辺の系図や注記が錯綜・混乱したと考えられるのである。

以上、本章では、頼信と河内国の関わりについて述べた。河内国は頼信にとって最後の任国である。河内守になった頼信は壺井を拠点とし、任期途中で辞任、もしくは死去した。壺井の地は子の頼義、孫の義家へと受け継がれ、河内源氏の本拠として発展していくのである。

第九　頼信の妻子

一　頼信の妻

修理命婦

頼信の妻としてわかっているのは修理命婦《しゆりみようぶ》（頼義《よりよし》の母）のみである。修理とあるので父は修理職《しゆりしき》の官人だったようだが、名前が見えないことからすると、その身分は低かったと思われる。

子頼義との関係

『中外抄《ちゆうがいしよう》』下―五十三に、頼義が母を嫌悪していたという話が載せられている。頼義と随身《ずいじん》の兼武《かねたけ》とは母が同じである。母は宮仕えの者で、頼信が愛して頼義を生ませた。その後、頼義の母は自分に仕える下女《げじよ》のところに通っていた兼武の父と結ばれ、兼武を生んだ。頼義はのちにこの事を聞いて忌まわしく思い、前九年合戦《ぜんくねんかつせん》で死んだ馬の命日の法要はしたけれども、母の命日の法要はいっさいしなかった。兼武の父は下女のところに通っていたとあるので、身分の低い者であったらしい。頼義はそうした者と通じた母を毛嫌いしたのである。

頼光・頼親の妻との比較

後述するように、兄の頼光《よりみつ》や頼親《よりちか》は中級貴族の娘を妻としていた。史料に残っていないだけかもしれないが、もし頼信が修理命婦のような身分の低い女性しか妻にできなかったとすれば、それは貴族たちが満仲《みつなか》の第三子である頼信の将来にあまり期待を持っていなかったことを示すものであろう。

二　子　頼　義

頼義の生没年

頼義の没年は、『水左記《すいさき》』承保《じょうほ》二年（一〇七五）七月十三日条に「此日頼義入道卒去」とみえるので、承保二年だったことがわかる。『尊卑分脈《そんぴぶんみゃく》』は没年を永保《えいほ》二年（一〇八二）、享年を八十八とするが、没年は承保二年の誤りである。享年は正しいとすると生年は永延《えいえん》二年（九八八）となる。

頼義と小一条院

頼義は小一条院《こいちじょういん》（敦明《あつあきら》親王）に判官代《ほうがんだい》として仕えていた。小一条院は三条《さんじょう》天皇の子で、三条天皇が長和《ちょうわ》五年（一〇一六）に後一条《ごいちじょう》天皇に譲位すると皇太子になる。しかし、翌年に皇太子を辞し、太上《だじょう》天皇に準じる待遇と小一条院の称号を与えられた。頼義が小一条院の判官代になったのは、伯父の頼光が三条天皇に長く仕え、父の頼信も三条天皇の父の冷泉院《れいぜいいん》の判官代だったことなどによるものであろう。ちなみに、弟の頼清《よりきよ》が居貞親《おきさだ》王（三条天皇）の帯刀長《たちはきのおさ》、頼光の孫の頼弘《よりひろ》が小一条院判官代になっているのも理由は同じと考えられる。

『古今著聞集《ここんちょもんじゅう》』三百三十四、『陸奥話記《むつわき》』には、小一条院が頼義をいつも身辺に置いていた話、小一条院は狩猟を好んだが、獲物を射止めるのはいつも頼義だったという話が載っている。小一条院は、院の荘園を侵害した紀伊守高階成章《たかしなのなりあき》の「髪を執って打ち臥《ふせ》」させる（『小右記《しょうゆうき》』治安《じあん》元年十一月八日条）など、たびたび騒動を起こしている。武人肌の小一条院は頼義を気の合う側近として重用したのであろう。

長元《ちょうげん》九年（一〇三六）十月、頼義は小一条院の推薦によって相模守となる。生年が永延二年とすると、この年頼義は四十九歳だったことになる。ただ、小一条院判官代を除けば、それまでどのような官職についていたかは不明である。この点は弟の頼清と大きく異なっている。

前九年合戦

永承《えいしょう》六年（一〇五一）、頼義は陸奥守になる。このあと前九年合戦が起き、頼義が苦戦の末安倍氏を滅ぼしたことは周知の通りである。康平《こうへい》六年（一〇六三）、前九年合戦の褒賞として頼義は伊予守に任じられる。しかし、残敵掃討に時間がかかり、陸奥国から京に戻ったのは翌年二月であった。この年には美濃国で源国房《くにふさ》(頼光の孫)と合戦をしている。翌治暦《じりやく》元年(一〇六五)、頼義は重任《ちようにん》を申請するが、認められなかった。

『続本朝往生伝《ぞくほんちようおうじようでん》』三十六や『発心集《ほつしんしゆう》』三―三は、その後頼義が出家し、前九年合戦の死者を弔うため「みのわ堂」を建立し、めでたく極楽往生することができたとしている。

説話のなかの頼信・頼義

『今昔物語集《こんじやくものがたりしゆう》』二十五―十二に頼信・頼義父子が連携して馬盗人《うまぬすびと》から馬を取り返すという話がある。

東国から名馬が頼信のところに届けられた。その馬を見た盗人が道中で盗もうとしたが、盗めないまま京まで来てしまった。名馬のことを聞いた頼義が、もらい受けるため雨の中頼信の家にやってきた。しかし、夜になったので馬は明朝見ることにして二人で寝所に入った。真夜中に馬盗人が雨音に紛れて忍び込み、馬を盗んで逃げた。下人が大声を上げると、それに気づいた頼信は無言で厩《うまや》から自ら馬を引き出し盗人を追った。頼義も同様にして父の跡を追った。逢坂山《おうさかやま》で盗人を見つけた頼信は、頼義がどこにいるかもわからないのに、「あれを射よ」というと、頼義がそ

頼義の妻

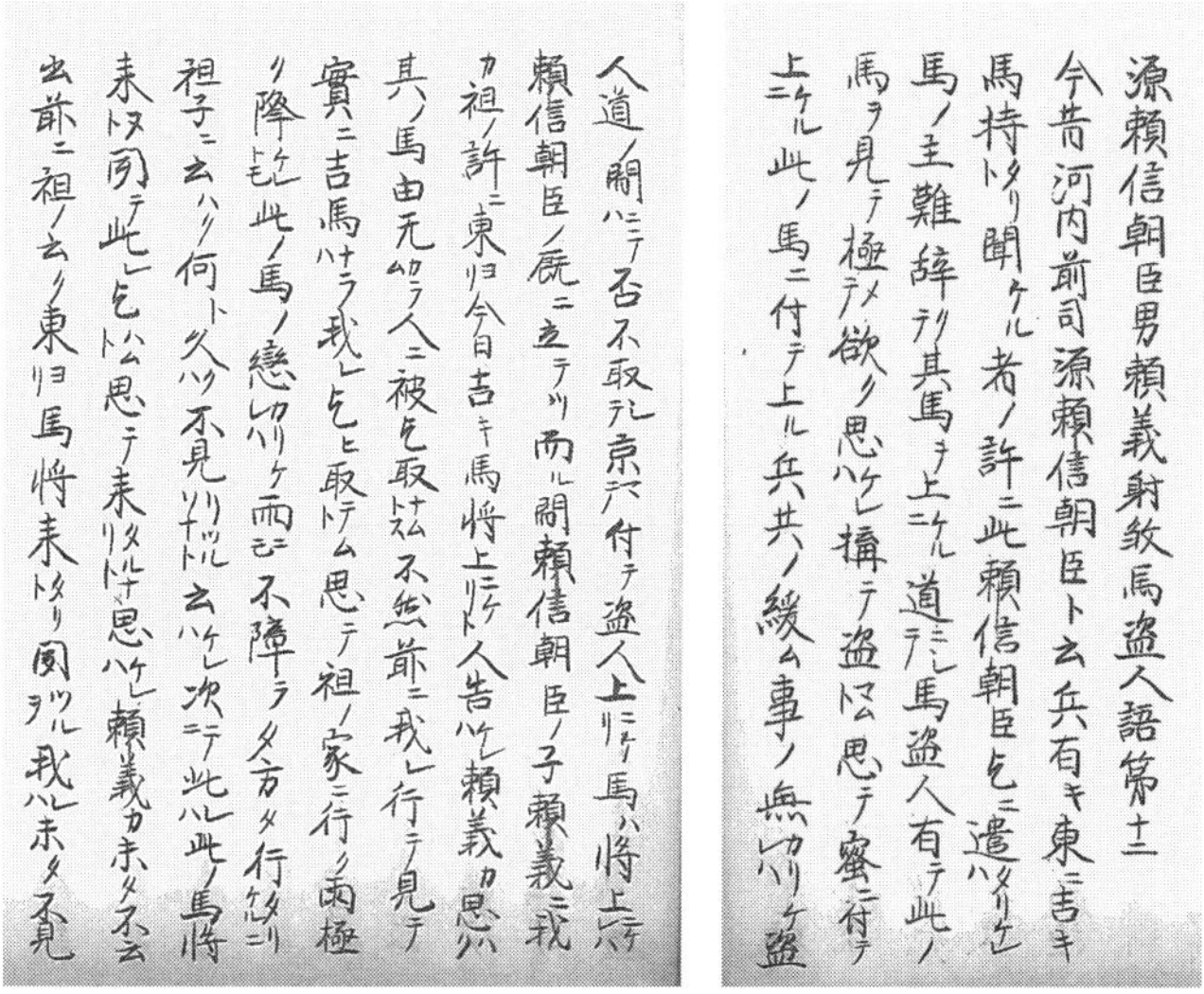
源頼信朝臣男頼義射殺馬盗人語第十二
今昔河内前司源頼信朝臣ト云兵有キ東ニ吉キ
馬持タリト聞ケル者ノ許ニ此ノ頼信朝臣乞ニ遣タリケレ
馬ノ主難辞クテ其ノ馬ヲ上ケル道ニシテ馬盗人有テ此ノ
馬ヲ見テ極メテ欲ク思ケレハ構テ盗ムト思テ蜜ニ付テ
上ケル此ノ馬ニ付テ上ル兵共ノ緩ム事ノ無カリケレハ盗
人道ノ間ニテハ否不取テ京マテ付テ盗人上ニケリ馬ハ将上テ
頼信朝臣ノ厩ニ立テツ而ル間頼信朝臣ノ子頼義ニ我
カ祖ノ許ニ東ヨリ今日吉キ馬将上ニケリト人告ケレハ頼義カ思ハク
其ノ馬由无カラム人ニ被乞取ナム不然前ニ我レ行テ見テ
實ニ吉馬ナラハ我レ乞ヒ取テムト思テ祖ノ家ニ行ヌ雨極
ク降ケレトモ此ノ馬ノ戀シカリケレハ雨ニモ不障ラ夕方ニ行タリ
祖子ニ云ク何ト久ク不見リツルナト云ケレハ次ニテ此レハ此ノ馬将
来ヌト聞テ此レ乞ハムト思テ来リタルナリト思ケレハ頼義カ未タ不云
出前ニ祖ノ云ク東ヨリ馬将来タリト聞ツルヲ我レハ未タ不見

『今昔物語集』巻25-12（東京大学文学部国語研究室所蔵）

れに応じて盗人を見事に射落とし、馬を取り戻した。

頼信と頼義の二人が、言葉を交わすことなく馬盗人を追い、互いの姿がみえないのに、頼信が命じると頼義が見事に盗人を射落としたという、以心伝心でなされた頼信父子の連携行動の見事さを描いた話である。

頼義の妻としてわかっているのは平直方《なおかた》の娘だけである。頼義とこの妻との間に生まれたのが義家《よしいえ》、義綱《よしつな》、義光《よしみつ》である。ただ、義家が生まれた時、頼義は五十歳を超えているので、初婚ではないであろう。それまでに別の妻がいた可能性が高いが、詳しいことは不明である。

頼義の子孫

義家は、悪僧の追捕や行幸の警護などで活躍し、白河《しらかわ》天皇の信頼を得る。永保三年に義家は陸奥守となり、清原氏の内訌《ないこう》に介入して後三年合戦《ごさんねんかっせん》を引き起こす。しかし、合戦には勝利したが私戦とみなされて恩賞はなく、また弟義綱との争いや子の義親《よしちか》の濫行《らんぎょう》もあって晩年は勢力を失い、嘉承《かしょう》元年（一一〇六）に死去する。

義綱は兄の義家と争い、一時は義家を超える勢いを示す。しかし、天仁《てんにん》二年（一一〇九）、義家の子義忠《よしただ》殺害の疑いをかけられ、為義《ためよし》らの追討を受けて一族は滅亡する。

義光は東国に進出し、常陸国の佐竹氏、甲斐国の武田氏などの祖となっている。

河内源氏の盛衰

同族間の争いにより、河内源氏は白河院や貴族たちの信用を失い、その地位を低下させる。義家の後継者となった為義は、摂関家と結ぶことにより復権をはかろうとし、忠《ただ》実《ざね》・頼長《よりなが》に臣従する。為義は保元《ほうげん》元年（一一五六）の保元の乱で崇徳《すとく》上皇方として戦ったものの敗れ、後白河《ごしらかわ》方についた子の義朝《よしとも》に斬られる。その義朝も平治《へいじ》元年（一一五九）の平治の乱で平清盛《きよもり》に敗れて殺され、義朝の子頼朝《よりとも》は伊豆に流される。

三子頼清

頼清と三条天皇

頼清の生没年は不詳である。母についても『尊卑分脈』には頼義に同じとする写本と不明とする写本の両方があり、よくわからない。

頼清の史料上の初見は『御堂関白記《みどうかんぱくき》』寛弘《かんこう》八年（一〇一一）二月十日条で、六位の帯刀長頼清が春宮（居貞親王）の殿上人となっている。この年の十月に居貞親王が即位して三条天皇となり、頼清は十二月に昇殿《しょうでん》が許されている。この時、頼清は左近将監《さこんしょうげん》であった。寛仁《かんにん》元年（一〇一七）五月に三条天皇が危篤になると、頼清はそのことを道長《みちなが》に知らせる使となっている。

摂関家への接近

このように頼清は三条天皇に仕えていたが、天皇の死後は摂関家に近づいていく。治《じ》安《あん》元年（一〇二一）十月、頼清は頼通《よりみち》の家司《けいし》（侍所別当《さむらいどころべっとう》）とみえている。また、万寿《まんじゅ》三年（一〇二六）四月には頼清は上東門院《じょうとうもんいん》彰子の判官代に任じられている。

長元四年、頼清は安芸守《あきのかみ》となる。兄の頼義が相模守になったのは長元九年なので、頼清の方が五年早く受領《ずりょう》のポストを手に入れたことになる。これはやはり頼義が小一条院に仕えていたのに対し、頼清は頼通や彰子など摂関家に仕えるようになったからであろう。

陸奥守から肥後守へ

頼清は長久《ちょうきゅう》三年（一〇四二）ごろに陸奥守となる。陸奥国は大国で、摂関家関係者もよく任命される裕福な国である。頼清は陸奥守の任期を無事に終えたようだが、頼通の家司になって以降順調だった官人生活に陰りがみえるようになる。『後拾遺和歌集《ごしゅういわかしゅう》』にある相模《さがみ》の歌の詞書に「源頼清朝臣、陸奥国果てて、また肥後守になりて下り侍《はべ》りけるを」とあり、頼清は陸奥国の次に肥後国の受領になったことがわかる。

肥後国は都から遠く離れているだけでなく、受領収入もあまり期待できない国である。陸奥守になった者が肥後守になるのは異例のことであった。これまで陸奥守となった者を調べてみると、陸奥国を最後の任国とする者が多く、そうでない場合は次に任じられているのは比較的裕福な国である。したがって、頼清が肥後国の受領になっているのは、頼清に何か問題が生じたことを暗示している。その後、頼清のことが史料にみえなくなるのも、こうしたことが関係しているのではないだろうか。

説話のなかの頼清

『今昔物語集』十二―三十六に、頼清が五位の左近衛府官人で貧しかったころ、親しくしていた道命《どうみょう》阿闍梨《あじゃり》（藤原道綱の子）の僧坊で粥《かゆ》を食べている時、貧困であることを道命阿闍梨にからかわれたという話がある。頼清は寛弘八年に左近将監だったが、寛仁二年には中務少輔とみえるので、この話はそのころのことと考えられる。頼清は三条天皇に仕えていたとはいうものの、当時の政治の実権は三条天皇と対立する左大臣道長に握られていた。さらに、このころは父頼信も受領《ずりょう》功過《こうか》定《さだめ》が長引いて新たなポストを得られなかったため、頼清は困窮していたのであろう。頼清が摂関家に仕えるようになる背景を知る上で興味深い話である。

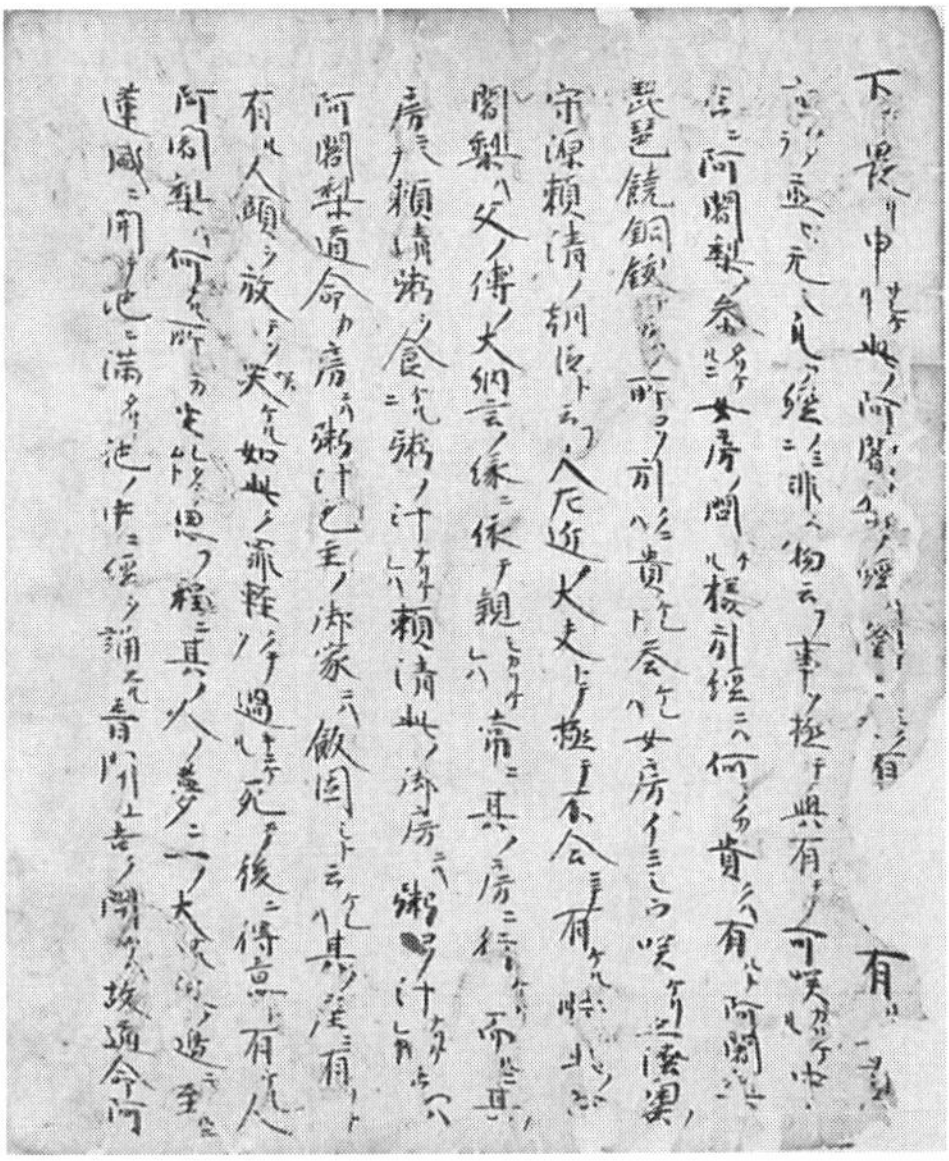

『今昔物語集』巻 12-36（京都大学附属図書館所蔵）

『尊卑分脈』から頼清の妻としてわかるのは、藤原斉信《ただのぶ》の娘（兼宗《かねむね》の母）と藤原義忠《よしただ》の娘（憲宗《のりむね》の母）である。斉信は太政大臣藤原為光《ためみつ》の子で、蔵人頭、参議を経て大納言となり、「四納言」(『十訓抄《じっきんしょう》』一―二十一)の一人として道長政権を支えていた。義忠は敦良《あつなが》親王(後朱雀《ごすざく》天皇)の東宮学士《とうぐうがくし》に任じられ、その後、文章博士《もんじようはかせ》、阿波守、大和守になっている。斉信と義忠はともに道長と近い関係にあるので、頼清がこの二人を妻にしたのは頼通に仕えるようになってからのことであろう。

赤染衛門の娘

『赤染衛門集《あかぞめえもんしゅう》』に、赤染衛門(夫は大江匡衡《まさひら》)の娘の結婚相手に「よりきよ」という人物がみえており、源頼清に比定されている(関根慶子ほか『赤染衛門集全釈』)。同集には、母の赤染衛門が代作して頼清に贈った歌が数多く残されている。結婚したのは長和年間(一〇一二~一六)ごろなので、先の二人の妻より前となろう。ただ、この赤染衛門の娘との結婚生活は長続きしなかったらしい。大江匡衡は居貞親王の東宮学士をつとめ、頼清の伯父頼光とも親しかった。こうしたことから頼清は赤染衛門の娘を妻とすることができたのであろう。

頼清の子孫

頼清の子のうち、仲宗《なかむね》は蔵人を経て甲斐守、筑前《ちくぜん》守となっている。甲斐守だった承《じょう》暦《りゃく》三年(一〇七九)には強訴《ごうそ》に来た延暦寺僧の防御にあたっている。しかし、嘉保《かほう》元年(一〇九四)、子の惟清《これきよ》が白河院を呪詛《じゅそ》するという事件を起こし、父仲宗、弟顕清《あききよ》らとともに流罪に処せられる。この事件により仲宗の系統は没落する。なお、中世後期から信濃国の有力者となる村上氏はこの系統から出たとされている。

家宗《いえむね》は治暦二年に検非違使《けびいし》左衛門尉とみえる。同四年に殺害犯を捕らえ、延久《えんきゆう》元年（一〇六九）には大和国河俣《かわまた》山の強盗を追討している。その後、承保三年以前に土佐守、承暦二年に上野介となっている。しかし、この系統も次第に衰えていく。

このほか、頼清の子には清宗《きよむね》、兼宗、季宗《すえむね》、憲宗、基宗《もとむね》がいるが、いずれの系統も長くは続いていない。

四　そのほかの子

頼季・頼任・義政

頼信には頼義と頼清のほかに頼季《よりすえ》、頼任《よりとう》、義政《よしまさ》の三人の男子がいる。このうち頼季には「掃部助《かもんのすけ》従五位下」（『尊卑分脈』）とあるが、詳しい経歴はわからない。頼任と義政には官位についての注記がなく、経歴はまったく不明である。

三人の娘

頼信の娘は三人である。一人目は、源為満《ためみつ》の妻になっている。為満には「従五位下甲斐守」（『尊卑分脈』）とあるが、詳しい経歴はわからない。為満の祖父の満快《みつやす》は満仲の弟、頼信の叔父なので、同族内で結婚したことになる。

二人目は、高階成佐《なりすけ》の妻になっている。「冷泉局《れいぜいのつぼね》と号し、内裏に伺候《しこう》す」(『尊卑分脈』)とあるので、宮仕えをしていたらしい。成佐の父業遠《なりとう》は道長近習者、兄の業敏《なりとし》、成《なり》章《あき》も頼通家司である。ただ、成佐は「筑前守」(『尊卑分脈』)とみえるだけで、詳しい経歴はわからない。

三人目は、紀維貞《これさだ》の妻になっている。先述したように、維貞は美濃国池田郡の領主である。

対照的な生涯

頼信の子のうち頼義と頼清は対照的な生涯を送ったといえよう。小一条院判官代時代の頼義は、狩猟に同行するなど武人の側近として小一条院に仕えていた。陸奥守任命後は前九年合戦に勝利し、「名世の殊功」(『陸奥話記』)をあげる。頼義はその一生の多くを武人として生きた。一方頼清は、若いころは武官職についていたものの、その後は摂関家に仕えて受領を歴任するなど、一般の貴族となんら変わるところがなかった。妻についても、頼義の妻は武人平直方の娘だが、頼清の三人の妻はいずれも一般貴族の娘である。

『中外抄』上—五十一に、頼信が三人の子供について、頼義は武者として使ってください、頼清は蔵人にしてください、頼季は役立たずです、と頼通に言ったとある。『中外抄』は藤原忠実の談話を筆録したものなので、やや結果論的なところはあるが、頼義と頼清の違いがよくわかる話である。

以上、本章では、頼信の妻子のうち主に頼義と頼清をとりあげ、両者の生涯が大きく異なっていることを述べた。摂関家に仕えた頼清の方が先に受領になったが、この系統は次第に衰え、武人の道を選んだ頼義の系統が河内源氏の主流となるのである。次章では、頼信と兄の頼光・頼親との比較を行っていきたい。

第十　頼信の兄弟

一　兄頼光

頼光の生没年

頼光《よりみつ》は頼信の長兄である。頼光が死去したのは治安《じあん》元年（一〇二一）七月十九日で、後世の系図類は享年を七十四あるいは六十八としている。それらによれば頼光の生年は天《てん》暦《りゃく》二年（九四八）あるいは天暦八年になる。母は従四位上近江守源俊《すぐる》の娘である。

闘乱事件の被疑者になる

頼光が史料に初めてみえるのは、『小記目録《しょうきもくろく》』第十七（闘乱事）天元《てんげん》三年（九八〇）閏三月十九日条の「頼光等召名宣旨《めしなのせんじ》事」である。「召名宣旨」とは検非違使《けびいし》から被疑者に対して出される召喚状のことである。詳細は不明だが、頼光が闘乱事件に関わって検非違使から呼び出しを受けていたことがわかる。

摂関家と三条天皇に仕える

永延《えいえん》二年（九八八）九月、摂政兼家《かねいえ》の新造二条京極第《にじょうきょうごくてい》で興宴が行われ、春宮大進《とうぐうだいしん》頼光が馬三十匹を牽《ひ》いている。前年に父の満仲《みつなか》が出家しているので、父に代わり兼家に仕えるようになったのであろう。なお、春宮は居貞《おきさだ》親王、のちの三条《さんじょう》天皇である。この後、頼光は居貞親王に長く仕えることになる。

正暦《しょうりゃく》元年（九九〇）、頼光は備前国の受領《ずりょう》となる。備前国は摂関家の家司《けいし》なども任命される比較的裕福な国で、兼家が頼光の働きを高く評価していたことがわかる。

長徳の変

この年の五月に兼家が出家し（七月に死去）、子の道隆《みちたか》が摂政になる。その道隆が長徳《ちょうとく》元年（九九五）に亡くなると、道隆の子伊周《これちか》と道隆の弟道長《みちなが》の争いが起き、翌年伊周は左遷され、道長が政権の座に着く。この長徳の変の際、頼光や頼親《よりちか》など「武芸に堪《た》ふる五位以下」（『小右記《しょうゆうき》』長徳二年四月二十四日条）が内裏の鳥曹司《とりのぞうし》に集められている。

受領功過定での優遇

長徳の変で道長方に付いた頼光は、その後道長との関係を深めていく。このことを示すのが頼光の受領功過定《こうかさだめ》である。先述したように、受領功過定は任国での財政運営に問題がなかったかどうかを陣定《じんのさだめ》で審査するものである。『北山抄《ほくざんしょう》』巻十吏途指南《りとしなん》の「古今功過《ここんのこうか》を定むる例」に頼光の備前国の受領功過定が載せられている。これによると、頼光は交替の際に出挙稲《すいことう》を現物で後司《こうし》に渡さなかったため、「過《か》」（不合格）となった。ところが、後日後司は交替時に実は出挙稲を現物で受け取っていたとの解文《げぶみ》を提出した。現物を受け取っていないといっていた後司がまったく反対の内容の解文を出しただけでなく、そうした訂正を申告する期限も過ぎていた。したがって、本当は合格にならないのに、公卿たちは「眼を合はせて過を抜」いた、すなわち示し合わせて不合格を取り消したというのである。これは明らかに頼光の背後にいる道長に配慮して頼光を合格させたのである。

有利な道長家司

当時こうしたことはしばしばみられた。長和《ちょうわ》三年（一〇一四）正月六日、寛仁《かんにん》元年（一〇一七）九月一日に道長家司の橘為義《ためよし》、藤原公則《きみのり》の受領功過定が行われた。両者とも提出書類に不審な点があり、本来は合格にはできなかったのだが、前者は「諸卿は黙ってしまい、何も言わない、（中略）道長を恐れているのではないだろうか、ただ合格と記した」、後者は「公則は道長の近習者なので、諸卿は示し合わせて何も言わなかった」と『小右記』の同日条に書かれている。

頼光と同じ日に近江国の受領であった橘忠望《ただもち》の受領功過定も行われた（忠望の任期は長徳元年までなので、これらの受領功過定が行われたのは長徳二年以降となる）。忠望も頼光と同様に出挙稲を現物で後司に渡さなかったため不合格となった。そこで忠望は事情を記した書類を提出して再度審議がなされたが、合格とはならなかった。『北山抄』の著者藤原公任《きんとう》はこの結果について、「同日行われた頼光の受領功過定ではたいした理由もないのに合格とされている、公卿たちの審議にはえこひいきがあるようだ」と批判している。

摂関家への経済的奉仕

この後、頼光は摂津守在任中の治安元年に亡くなるまで、美濃国（長保《ちょうほう》三年～寛弘《かんこう》元年か）、但馬《たじま》国（寛弘四年～同七年か）、美濃国（長和二年～同五年か）、伊予国（寛仁二年～同四年か）の受領に任じられている。つまり、約三十年間の間にのべ六ヵ国の受領になっていたことになる。しかも、そのほとんどが受領収入の多い富裕な国であった。もちろん、その見返りに任国で得た私富《しふ》を摂関家へ盛んに提供していたことはいうまでもない。寛弘七年（一〇一〇）五月の道長邸での法華三十講《ほっけさんじっこう》では非時《ひじ》（僧侶の食事）を用意しただけでなく、紙・生絹《すずし》の単衣《ひとえぎぬ》・袴《はかま》を献じている。頼光による道長の法華三十講での非時奉仕は長和四年、寛仁元年、同二年、同四年にも行われている。

こうした頼光の私富提供で最も有名なものが道長邸への家具いっさいの献上である。寛仁二年六月、道長は上東門第《じょうとうもんてい》を新造した。この時、伊予守頼光は新邸の家具調度品のすべてを献じ、都の人々を驚かせた。

三条天皇との関係

頼光は居貞親王にも早くから仕えていた。居貞親王は寛和《かんな》二年（九八六）に立太子して以降、二十五年間皇太子生活を送るが、頼光は春宮大進として親王を支え続けた。寛弘八年に居貞親王が即位して三条天皇になると、頼光は内蔵頭《くらのかみ》に任命される。内蔵頭は内廷財政を扱う内蔵寮の長官である。院政期になると内廷財政が窮迫し、受領が内蔵頭となってその私富で不足分を補っていたが、頼光も受領収入の一部を内廷財政に提供していたのではないだろうか。長和五年に三条天皇が退位すると、頼光は三条院別当《べっとう》となり、翌年に三条院が死去するまで仕え続けた。

大江匡衡との交流

頼光には文人や歌人との交流も多くみられる。摂関期を代表する文人大江匡衡《まさひら》は居貞親王の東宮学士《とうぐうがくし》をつとめ、春宮大進だった頼光とは親しい関係にあった。長保《ちょうほう》三年（一〇〇一）、匡衡は尾張国、頼光は隣国の美濃国の受領となる。この時、頼光が送った手紙への匡衡の返事が『本朝文粋《ほんちょうもんずい》』巻七に「頼光に報ずる書」として残されている。また、匡衡の妻で歌人の赤染衛門《あかぞめえもん》は夫とともに尾張国に下向するが、その途中近江国坂田郡朝《あさ》妻《づま》にある頼光の所有する家に泊まった時の歌が『赤染衛門集』に残されている。

藤原実方との交流

藤原実方《さねかた》の歌集『実方朝臣集《あそんしゅう》』には、実方が長徳元年に陸奥守となって任国に赴任する際、見送りにきた頼光とやりとりした歌が収められている。実方は藤原師尹《もろまさ》の孫で、父母が早世したため、叔父済時《なりとき》の養子となった。居貞親王の妻娍子《せいし》は済時の娘なので、春宮大進の頼光とは顔見知りだったのであろう。

藤原長能との交流

藤原長能《ながよし》の歌集『長能集』にも、上総国から上京した時に頼光の家を訪問して詠んだ歌、頼光から和琴《わごん》を借りる時に詠んだ歌が収められている。長能は正暦二年に上総介になっているので、前者の歌は長徳元年ごろ、後者の歌は「但馬守頼光」とあるので寛弘年間のものであろう。なお、頼光は道長の異母兄道綱《みちつな》を婿としているが、道綱の母（『蜻蛉日記《かげろうにっき》』の作者で藤原倫寧《ともやす》の娘）は長能の姉である。

頼光の生涯

以上、頼光についてみてきたが、若いころの頼光には武人的な活動がみられるものの、その後は武人として活躍することはまったくなかった。頼光は、受領となって京と地方を往復しつつ、ひたすら摂関家への経済的奉仕につとめていた。摂関家の周辺にはこうした中級貴族が数多くおり、頼光はその一人であったといえよう。

二　頼光の妻子

頼光の妻

頼光の妻としてわかっているのは、伊予守藤原元平《もとひら》の娘（頼国《よりくに》の母）、中納言平惟仲《これなか》の娘（頼家《よりいえ》の母）、能登守慶滋保章《よししげのやすあき》の娘の三人である。藤原元平は『尊卑分脈《そんぴぶんみゃく》』にみえず、出自や経歴は不明だが、伊予守とあるので中級の貴族であろう。惟仲の娘の実父は従三《じゅさん》位《み》藤原忠信《ただのぶ》である。忠信が正暦四年に出家したので、忠信のもう一人の娘が惟仲の妻だった関係から、惟仲が引き取り養女とした。なお、頼光と惟仲の娘との結婚は、惟仲が寛弘二年に亡くなってからのことらしい。慶滋保章の娘は晩年になってからの妻で、頼光が但馬守となった時、任国に同行している。彼女と前夫との間に生まれたのが歌人の相模《さがみ》である。

頼光の子

頼光には、僧となった二人を除くと、頼国、頼家、頼基《よりもと》の三人の男子がいる。このうち、頼基は『尊卑分脈』に「散位従五位下」とみえるだけなので、頼国と頼家についてみていきたい。

頼国

頼国は寛弘五年十月に敦成《あつひら》親王（のちの後一条《ごいちじょう》天皇）家の蔵人となっている。この時、頼国は文章生《もんじょうしょう》であった。前年四月の内裏密宴《だいりみつえん》（内裏で行われた私的な詩宴）でも頼国は文人として召されている。その後、頼国は検非違使左衛門尉となり、寛仁三年八月には抜刀して内裏に乱入した法師を取り押さえ、褒賞として従四位上に叙されている。

藤原彰子に仕える

頼国は一条天皇の蔵人をつとめた後、中宮（のち皇太后、太皇太后《たいこうたいごう》、上東門院《じょうとうもんいん》）藤原彰子に宮司《ぐうじ》、院司《いんし》として長く仕えた。長和三年四月の賀茂祭《かものまつり》では皇太后宮使となり、寛仁三年十二月の太皇太后宮御仏名《おぶつみょう》では同宮大進として奉仕している。また、長元《ちょうげん》四年（一〇三一）九月の上東門院石清水《いわしみず》・住吉御幸《すみよしごこう》にも院別当として随行している。上東門院一行の華美な衣装などは都の人々を驚かせ、実資は「狂乱の極《きわみ》」と非難しているが（『小右記』長元四年九月二十五日条）、上東門院が乗る贄を尽くした車は頼国が献上したものであった（『栄花《えいが》物語《ものがたり》』巻三十一）。

頼　家

頼国は讃岐国（寛仁四年～治安三年か）と美濃国（永承《えいしょう》四年以前）の受領となっている。いずれも受領収入の多い富裕な国だが、これは道長や頼通に匹敵する力を持っていた彰子に長年仕えていたことによるものであろう。

頼家は長元八年正月に蔵人、翌年十月に検非違使右衛門尉となる。天喜《てんぎ》三年（一〇五五）十一月の春日祭使発遣儀では五位の供奉人《ぐぶにん》をつとめ、その後越中守、筑前守になっている。また、早くから家政職員として頼通に仕え、長元八年に勾当《こうとう》、康平《こうへい》五年（一〇六二）には職事《しきじ》とみえている。

頼家は長暦《ちょうりゃく》二年（一〇三八）の「源大納言師房《もろふさ》家歌合《うたあわせ》」に召され、永承二年（一〇四七）の「道雅三位《みちまささんみ》西八条《にしはちじょう》障子《しょうじ》絵合《えあわせ》」に選ばれるなど歌人として有名で、十一世紀中期の歌壇で活躍した「和歌六人党」の一人であった。

頼国と頼家についてみてきたが、二人とも摂関家に仕えて受領を歴任する中級の貴族であった。若い時に二人とも検非違使になってはいるが、父頼光と同じく、その後はほとんど武的活動はなく、一般の貴族となんら変わりない官人生活を送っていたといえよう。

頼光の娘

頼光の娘として知られるのは三人で、源済政《なりまさ》、藤原道綱、源資通《すけみち》を夫としている。

源済政の妻

源済政の祖父は左大臣源雅信《まさのぶ》、父は大納言時中《ときなか》で、雅信の娘倫子は道長の妻となっている。道長は義理の甥になる済政を側近として重用した。済政は信濃国を皮切りに美濃国、讃岐国、近江国、丹波国、播磨《はりま》国といった収入の多い国の受領を歴任し、道長への経済的奉仕にはげんだ。頼光の娘との間には資通が生まれている。資通が生まれたのは寛弘二年なので、頼光の娘との結婚はそれ以前となる。そのころの済政はまだ官人生活を始めたばかりだったが、頼光は済政の将来性を見込んで娘の婿《むこ》としたのであろう。

藤原道綱の妻

藤原道綱は道長の異母兄である。頼光の娘といつ結婚したのかははっきりしないが、『小右記』長和二年六月二十五日条に、このごろ道綱が婿として頼光の家に住んでいるとあるので、その少し前あたりかもしれない。大納言の道綱はこの年五十九歳になっており、かなり年の離れた夫婦だったらしい。道綱は政治家としてはあまり有能ではないが、やはり道長の異母兄であり、今後の政治的立場が有利となると頼光は判断したのであろう。

多田神社

源資通の妻

源資通は済政の子である。したがって、資通は母の妹を妻としたことになるが、頼光が亡くなった治安元年に資通はまだ十七歳だったので、頼光の娘との結婚は頼光の死後のことであろう。資通は侍《じ》従《じゅう》、右大弁《うだいべん》、蔵人頭を経て、寛徳《かんとく》元年（一〇四四）に参議となり、康平三年に五十六歳で亡くなっている。

頼光の子孫

頼光の孫世代で、その後子孫が長く続くのは頼国の子頼資《よりすけ》、実国《さねくに》、頼綱《よりつな》、国房《くにふさ》の系統である。

頼綱と多田源氏

このうち、満仲以来の摂津国多田《ただ》の地を受け継いだのが頼綱である。この系統を多田源氏という。頼綱は関白藤原師実《もろざね》の家司となり、多田を摂関家に寄進する。

承暦三年には源頼清《よりきよ》の子仲宗《なかむね》とともに延暦寺僧の強訴防御にあたっている。頼綱には明《あき》国《くに》、仲政《なかまさ》、国直《くになお》の三人の子がいる。明国の曽孫が鹿ヶ谷《ししがたに》の陰謀を平家に密告した行綱《ゆきつな》、仲政の子が以仁王《もちひとおう》とともに反平家の挙兵をした頼政《よりまさ》である。国直の系統は美濃国山県《やまがた》郡に土着する。

国房と美濃源氏

国房は信濃守を経て永長《えいちょう》元年（一〇九六）に伊豆守、康和《こうわ》元年（一〇九九）に常陸介となる。その一方で美濃国に拠点を持ち、康平七年に源頼義《よりよし》・義家《よしいえ》父子と、承暦三年には満正《みつまさ》流の源重宗《しげむね》と合戦をしている。国房の子光国《みつくに》、その子の光信《みつのぶ》・光保《みつやす》は悪僧の追捕や延暦寺僧の強訴防御にたびたび動員されている。この国房の系統を美濃源氏という。

三　兄頼親

頼親の流罪と『土右記』

頼親は頼信の次兄である。頼親の正確な生没年は不明だが、永承四年に八十代だったことが『土右記《どゆうき》』の記述からわかる。三度目の大和守だったこの年の十二月、頼親の館に向かった興福寺僧と合戦になり、僧側に死者が出た。翌年正月、興福寺の訴えにより、頼親は土佐国、子の頼房《よりふさ》は隠岐《おき》国に流罪となった。この時、権大納言源師房が日記『土右記』同年正月二十五日条に次のように記している。

法家勘文《かんもん》、身上請《じようしよう》たり、宜しく勅の処分を待つべし、これ八十の者を優せらるるの意なり、外記《げき》、天平宝字《てんぴようほうじ》元年中納言広足《ひろたり》の停任の例を勘申す（法律家の上申書には、頼親は上請の身分なので、勅を待たねばならないとある。これは八十歳以上の者を優遇するという意味である。外記は天平宝字元年に中納言広足が停任された例を上申した）。

律の規定

名例律《みようれいりつ》請条には、「五位及び勲四等以上、死罪犯せらば、上請せよ」、同七十以上条には「八十以上、十歳以下、及び篤疾《とくしつ》、反逆、殺人の死すべきを犯せらば、上請せよ」とある。上請とは天皇の判断を仰ぐことである。『土右記』に「身上請たり」「八十の者を優せらるる」とみえるので、法律家の上申書には、これらの条文に基づき、頼親の罪は天皇の裁決によらねばならないこと、高齢者である頼親は減免の対象になることなどが述べられていたものと思われる。外記（太政官の事務局）は、橘奈良麻呂《ならまろ》の変があった天平宝字元年（七五七）に、七十七歳だった多治比《たじひ》広足が、事件に一族が関わった責任を問われて中納言を解任されたものの、高齢のため帰第が許された事例を参考として上申したのであろう。

頼親の生年

ここで注目したいのは、頼親を「八十の者」、すなわち八十歳以上としていることである。もちろん、八十歳以上とあるだけで上限は示されていないが、九十歳以上ということはありえないであろう。なぜなら、九十歳を超えて大和国受領をつとめていたとは考え難いだけでなく、先の名例律七十以上条では、「九十以上、七歳以下は、死罪ありと雖《いえど》も、刑加へず」とされているからである。もし頼親が九十歳以上だったならば、法律家の上申書にはそのことが述べられ、師房も日記に「九十の者を優せらるるの意なり」と記したはずだが、そうなってはいないので頼親は九十歳以上ではないということになろう。

以上のことから、頼親は永承四年に八十代（八十〜八十九歳）だったと考えられる。したがって生年は応和《おうわ》元年（九六一）〜天禄《てんろく》元年（九七〇）となろう。なお、母は頼信と同じく藤原致忠《むねただ》の娘である。

大索と長徳の変

頼親が史料に初めてみえるのは正暦五年三月の大索《おおあなぐり》である。この時、弟の頼信とともに召し出されている。頼親は長徳二年に起きた長徳の変でも兄の頼光と一緒に内裏の鳥曹司に集められている。

頼親の任国

その後、頼親は周防国、大和国、淡路国、大和国（二度目）、信濃国、大和国（三度目）の受領となる。最初の周防国の受領となった時期はよくわからない。『栄花物語』巻五には長徳の変の時の頼親を周防前司とするが、長徳二年より前に周防国の受領になっていたとすると、兄の頼光が初めて受領（備前国）になるのと同じ、あるいはそれより早くなってしまうので、頼親が周防国の受領になるのは長徳二年より後のことかもしれない。なお、『小右記』万寿元年十二月四日条に「伊勢守頼親」とあるが、先述したように、これは「伊勢守頼信」の誤りと思われる。

一度目の大和守任官

頼親が一回目の大和守になるのは寛弘三年である。この年、頼親の郎等で大和国住人の当麻《たいまの》為頼《ためより》が興福寺と紛争を起こし、興福寺は頼親の停任を求めるとともに、抗議のため僧数千人を入京させている。道長が頼親を支持したため、興福寺の抗議は不成功に終わったが、翌年二月、

興　福　寺

頼親は興福寺の近くで石を打たれている。任期四年目の寛弘六年三月に大和守を辞任しているのも、あるいは興福寺との紛争が要因かもしれない。

寛弘七年二月、頼親の郎等の平季忠《すえただ》が前出羽介《でわのすけ》源信親《のぶちか》を射るという事件があった。事件の詳細はわからないが、季忠はその後備前守藤原惟風《これかぜ》に捕らえられている。

摂津守にはなれず

長和三年二月、道長は頼親を摂津守にしようとした。しかし、三条天皇が「頼親は彼の国に住み、所領太《はなは》だ多く、土人（その土地に生まれ住んでいる人）の如し」と反対し（『小右記』長和三年二月十六日条）、任命されなかった。父満仲から受け継いだものか、新たに入手したものかは不明だが、頼親は摂津国に多くの所領を持ち、関係も深かったようである。頼親は長元元年にも摂津守を希望したが、実現しなかった。

「殺人の上手」

頼親は長和四年に淡路守となる。任期三年目の寛仁元年三月、頼親は郎等の秦氏元《はたのうじもと》を使って、藤原保昌《やすまさ》の郎等清原致信《むねのぶ》を殺害する。保昌も二度にわたって大和守をつとめ、この事件の前には頼親郎等の当麻為頼が殺されているので、大和国における頼親と保昌の郎等間の争いから起きた事件であろう。道長の日記『御堂関白記《みどうかんぱくき》』同年三月十一日条には「頼親は殺人の上手なり、度々此事あり」と記されている。このののち、頼親は右馬頭・淡路守を解任されている。

二度目の大和守任官

長元二年、頼親は二度目の大和守になる。今回は無事に四年の任期を終えたようだが、任期三年目の長元四年に郎等の宣孝《のぶたか》（姓は不詳）が大和国の住僧に暴行をはたらき、検非違使に捕らえられている。

信濃守任官

寛徳元年ころ、頼親は信濃守であった（任期の詳細は不明）。永承二年五月、長久《ちょうきゅう》四年（一〇四三）から三年間の信濃国における興福寺封戸物が未納だったため、頼親にそれらを納めるよう宣旨が下されている（『造興福寺記《ぞうこうふくじき》』）。

三度目の大和守任官

永承元年に頼親は三度目の大和守になる。先述したように、任期四年目の永承四年十二月、興福寺僧と合戦になり、翌年正月に頼親は土佐国、子の頼房は隠岐国に配流となった。これ以降、頼親は史料から姿を消す。

摂関家への経済的奉仕

頼親は、寛弘四年五月に道長家法華三十講の非時を用意し、寛弘五年十一月に行われた敦成親王の五十日《いか》の儀では「善を尽くし、美を尽くした」折櫃物《おりびつもの》（浅い木箱に品物を入れたもの）五十合を献じている（『小右記』同年十一月一日条）。また、永承三年十月に頼通が高野山を参詣した際には船一艘を造進している。

頼親の生涯

以上、頼親についてみてきたが、大和国で興福寺とたびたび争い、また道長に「殺人の上手」と言われるなど、武人としての活動が目立つといえよう。郎等にも武人が多く、そのためさまざまな事件が起きている。にもかかわらず、のべ六ヵ国の受領になることができたのは、道長や頼通に多くの経済的奉仕を行い、その庇護を受けていたからにほかならない。

四　頼親の妻子

頼親の妻

頼親の妻としてわかっているのは但馬守藤原文貞《ふみさだ》の娘（頼成《よりなり》の母）だけである。藤原文貞の出自や経歴はよくわからない。但馬守とあるので中級の貴族であろう。

頼親の子

頼親には頼成、頼房《よりふさ》、頼遠《よりとお》、頼基《よりもと》の四人の子がいる。このうち、頼遠と頼基は『尊卑分脈』に「福原三郎と号す」「従五位下左京少進」とみえるだけなので、頼成と頼房についてみていきたい。なお、頼親の娘は史料にみえない。

頼　成

頼成は文章道《もんじようどう》の学生《がくしよう》であった。寛仁二年十月に頼成が文章生《もんじようしよう》になるための試験（式部省試）を受けた時のことが『御堂関白記』『小右記』『左経記《さけいき》』にみえている。それらによると、頼成は題字を書き誤ったため落第した。しかし、父の頼親が道長に、紀重《きのしげ》利《とし》も題字を間違えているのに及第しているのはおかしいと訴え出た。道長は重利の答案を取り寄せて題字の間違いを確認した。その結果、重利は保留となったが、頼成の判定結果は覆らなかったようである。

頼親と道長の関係

頼親は前年に右馬頭・淡路守を解任されたばかりである。にもかかわらず、道長に子頼成の試験判定について愁訴し、道長もわざわざ試験答案を取り寄せ、判定結果を変更させようとしている。このことは両者が親密な関係にあったことを示していよう。

頼成は長暦三年十二月に式部大夫《しきぶのたいふ》（五位の式部丞《じょう》）とみえている。『尊卑分脈』の頼成の項には、「蔵人・肥後守・使・左衛門尉」と注記されているが、これらは当時の史料では確認できない。

源師房への寄進

『中右記』大治《だいじ》五年八月十一日条によると、頼成は大和国の某庄を左衛門督源師房に寄進している。師房が左衛門督だったのは長元三年から同八年までである。そのころ頼親は大和守だったので、実質上の寄進者は父親の頼親と思われる。永承五年に頼親が流罪となった時、師房が日記に頼親のことを書き記したのは、こうした関係があったからであろう。

頼房

頼房は永承五年に興福寺の愁訴によって隠岐国へ流罪となるが、その時前加賀守とあるので、それまでに加賀守になっていたことがわかる。その後、頼房は隠岐国からもどり、天喜四年には東大寺封戸米《ふこまい》の徴集に関わっている。康平五年に本位に復し、やがて肥前守となる。肥前守在任中か、任期を終えたあとかは不明だが、頼房は今度は延暦寺と争う。そして、承保《じょうほ》三年（一〇七六）に延暦寺の訴えにより肥前国に流罪となり、配所で亡くなった。

頼房は興福寺・延暦寺と争い、二度も流罪となっている。「荒加賀」（『尊卑分脈』）と呼ばれたのはこうした経歴によるものであろう。

頼成と頼房

頼成と頼房についてみてきたが、頼成は文章道の学生から式部丞となっており、一般の貴族と変わらない官歴であった。一方頼房は、興福寺や延暦寺と争うなど、父と同じく武人としての活動が多くみられる。

頼親の子孫

頼成の系統は、女院・摂関家の家政職員などの中下級官人として長く続いていく。

頼房の子頼俊《よりとし》は、春宮坊帯刀長《たちはきのおさ》、検非違使を経て、治暦《じりゃく》三年（一〇六七）に陸奥守になる。この間に「衣曽別島荒夷《えぞわけしまのあらえびす》并閉伊《へい》七村山徒」（『平安遺文《へいあんいぶん》』九―四六五二号）を討伐している。

頼俊の子が頼風《よりかぜ》と頼治《よりはる》で、頼治の系統が大和国宇智《うち》郡を本拠とする大和源氏となる。頼風の孫が興福寺の悪僧として著名な信実《しんじつ》である。

五　そのほかの兄弟

頼平・頼明・頼貞・頼範

ここで、頼光・頼親以外の頼信の兄弟姉妹についてみておくことにする。

頼平《よりひら》は『尊卑分脈』に「満仲四男」とあり、母は頼光と同じく源俊の娘である。長和五年に左馬助、万寿四年（一〇二七）に大蔵少輔《おおくらしょうほ》、長元四年に大蔵大輔《たいほ》とみえ、時期は不明だが、その後武蔵守となっている。なお、頼平は武人として著名な藤原惟風の娘を妻としている。

頼明《よりあき》、頼貞《よりさだ》は『尊卑分脈』に「出羽守従五下山城介、満仲五男」、「帯刀先生、満仲六男」とあるが、詳しい経歴や母は不明である。

頼範《よりのり》は『尊卑分脈』に「満仲七男」とあり、母は不明である。寛弘八年に右衛門尉として斎院御禊《ごけい》の前駆《ぜんく》をつとめている。長和四年に検非違使とみえ、翌年三条院蔵人となっている。

源賢と頼尋

頼信の兄弟で僧となったのが源賢《げんけん》と頼尋《らいじん》である。源賢は延暦寺で受戒し、法眼《ほうげん》（僧位の第二位）になっている。母は源俊の娘で、『今昔物語集《こんじやくものがたりしゅう》』十九―四に、殺生の罪を犯す父満仲に出家を勧めたとある。頼尋の母は不明で、『尊卑分脈』に「阿闍梨《あじゃり》」とある。

源孝道

母が経基《つねもと》の娘だったことから、満仲の養子となったのが孝道《たかみち》である。孝道は、長徳の変の際に検非違使右衛門権佐として伊周の家人宅を捜索し、その後大和守（長徳四年〜長保三年か）、寛弘四年に越前守になるが、任期中の寛弘七年に死去する。内裏密宴に召されるなど、孝道は文人としても有名である。

頼信の姉妹

満仲の娘は二人おり、一人は源敦《あつし》、もう一人は藤原頼親《よりちか》を夫としている。

源敦は仁明《にんみょう》源氏で、天暦初年ごろに検非違使右衛門権佐とみえている。敦が養子にしたのが源綱《つな》である。綱は嵯峨源氏の源仕《つかう》の孫で、頼光の郎等となり、摂津渡辺党《わたなべとう》の祖とされている。

藤原頼親は関白藤原道隆の子で、左近衛中将の時に長徳の変に連座するが、まもなく復職した。寛弘七年に正四位下左近衛中将兼内蔵頭で亡くなる。三十九歳であった。

六　頼信と二人の兄

道長との距離の違い

最後に、頼信と頼光・頼親との比較を行ってみたい。

頼信と兄二人を比べてすぐに気がつくのは、権力者である道長との距離の違いである。頼光は裕福な国の受領を歴任する一方、法華三十講での非時奉仕や上東門第の家具調度品いっさいの献上など、道長に多大の経済的奉仕を行っている。頼親は道長から摂津守に推され、子の頼成が式部省試に落第した時には道長がわざわざ答案を取り寄せている。頼光ほどではないものの、頼親も道長家法華三十講の非時など経済的奉仕にはげんでいる。

これに対し頼信は、長徳の変のあとに上野国、次いで常陸国の受領に任じられているので、そのころは道長との関係は比較的良好だったようである。しかし、常陸国の受領功過定が長期にわたったように、その後は道長との関係は次第に弱くなっていったと思われる。

位階昇進の差

長和元年六月、「左府に相親《あいした》しき人々の宅」に虹が立った。頼光や頼親の宅はそれに含まれているが、その中に頼信の宅はみえない（『小右記』同年六月二十九日条）。

頼信は位階の昇進が兄二人に比べて大きく遅れている。頼光は寛弘八年に正四位下に叙され、頼親は長和元年に四位とみえるので、二人が四位になったのはそれ以前ということになる。一方、頼信が従四位下に叙された、つまり四位になったのは長元四年であり、兄二人に比べると二十年以上遅かったことになる。年齢差を考慮しても四位になったのは兄二人よりかなり遅いといえよう。これはやはり道長との関係が兄たちほど強くはなかったためであろう。

頼信と平忠常の乱

平忠常の乱が勃発したのは、頼信が六十一歳の時のことであった。この時の頼信は、ようやく三ヵ国めの受領を終えたばかりで、位階もまだ五位であった。道長と親しく、活躍の目立った兄二人に比べると地味な存在だったといえよう。ところが、頼信は平忠常の乱が始まると甲斐国、その鎮圧に成功すると美濃国、さらに河内国の受領となり、位階も四位に上がる。平忠常の乱は頼信の人生を晩年になって一変させた大きな出来事だったのである。

以上、本章では、兄の頼光と頼親をとりあげ、頼信との比較を行った。次章では頼信をはじめとする摂関期の武人の特徴についてみていくことにしたい。

第十一　摂関期の武人

一　平安前期の武人

武人の変遷

河内源氏の祖であり、平忠常《ただつね》の乱を収束した頼信は、平安時代を代表する武人の一人といってよいであろう。ただ、頼信はあくまで摂関期の武人であり、九世紀の武人や院政期の武士とは異なる存在であった。最後に本章では、摂関期の武人の特徴を明らかにするため、平安時代の中央における武人の変遷についてみていきたい。

九世紀の武人と私的武力

対外的緊張の緩和などにより八世紀末に軍団兵士制が廃止され、九世紀に入ると東北蝦夷《えみし》との三十八年戦争も終結する。しかし、中央では薬子《くすこ》の変や承和《じょうわ》の変、地方では新羅《しらぎ》海賊の襲来や出羽国夷俘《いふ》の反乱があり、そこでは多くの武人が活躍した。承和の変の際に近衛《このえ》らを率いて橘逸勢《たちばなのはやなり》を捕縛した右近衛少将《うこのえのしょうしょう》藤原富士麻呂《ふじまろ》、新羅海賊に対処するため右近衛少将兼大宰権少弐《だざいのごんのしょうに》となって大宰府に遣わされた坂上滝守《さかのうえのたきもり》、陸奥鎮守《ちんじゅ》将軍となり精兵を率いて出羽国に向かった小野春風《おののはるかぜ》などがその代表である。

このころは律令軍事警察制度がまだ機能していたので、そうした武人が率いていたのは中央では近衛・兵衛《ひょうえ》、地方では諸国兵士・健児《こんでい》などの公的な武力であった。ただし、武人たちが私的武力を有していなかったわけではない。当時の武人の多くは一定の所領や従者を持っており、規模は小さいが私的な武力を有していた。左大臣源信《まこと》は対立する大納言伴善男《とものよしお》によって左大臣家に仕えていた家人《けにん》清原春滝《きよはらのはるたき》、左馬少属《さめのしょうさかん》土師忠道《はじのただみち》、左衛門府生《さえもんのふしょう》日下部遠藤《くさかべのとおふじ》を遠ざけられるのだが、彼らはいずれも「鞍《くら》に拠《よ》りて弓を引くに便なる者」、すなわち武芸に秀でた者たちであった（『日本三代実録』貞観十年閏十二月二十八日丁巳条）。これは、伴善男が清原春滝らの持つ武力を恐れたためであり、彼ら武人たちの保持する私的武力が無視できないものであったことを示している。ただ、それが公的な軍事警察力として使われなかっただけである。

官職と無関係の武人動員

九世紀の武人は衛府《えふ》などの官人、すなわち武官となって近衛や兵衛を率いるのが一般的であった。しかし、危急時には非武官の武人が動員されることもあった。承和の変時には左中弁の良岑木連《よしみねのいたび》が諸兵を率いて内裏を警護し、少納言の清滝河根《きよたきのかわね》が諸衛府を率いて兵庫を警衛した。

武人が所領や私的武力を保持し、官職と無関係に動員されるのは摂関期以降とされることが多いが、実際にはそれらは以前からみられることなのである。

文官への転身

これら九世紀に活躍した武人の多くは、貴族社会の変容などによって、十世紀以降、文官に転身していく。これにかわり新たに台頭するのが天慶《てんぎょう》の乱で活躍した清和《せいわ》源氏、桓武《かんむ》平氏、秀郷《ひでさと》流藤原氏である。実際には、摂関期には彼ら以外にも藤原保昌《やすまさ》、藤原惟風《これかぜ》、源忠良《ただよし》など多くの武人がいたのだが、九世紀の武人と比べると顔ぶれが大きくかわったことは事実である。

二　武人から武士へ

衛府の機能低下

九世紀においては都城の警備や盗賊追捕には六衛府や左右馬寮《めりょう》などの中央軍事警察機構があたっていたが、十世紀も半ばになるとその中心であった衛府の機能が低下する。このころから衛府の警備の怠慢がたびたび問題となり、衛府の重要な財源であった大粮《たいろう》米《まい》も次第に納入されなくなる。十世紀半ば以降、衛府は人的にも物的にも弱体化していく。

しかし、摂関期の政府は衛府官人の取り締まりはしたものの、それ以上の対応策をとることはなかった。九世紀後半以降は武力を用いた権力闘争がなくなったため、政府が必要としたのは日常の治安を維持する軍事警察力のみで、それ以上のものは不要だったからである。

限定的な私的武力の使用

ただ、大規模な盗賊捜索や政変時の警備には、武人が従者とともに動員されることがあった。しかし、先述したように、盗賊捜索や警備の主力はあくまで衛府や馬寮であり、武人の私的武力の利用は補助的なものに留まっていた。さらに、大索《おおあなぐり》は数年に一度しか行われず、それも十一世紀になると途絶する。九世紀と異なり武人の私的武力が使われるようになったといっても、摂関期の段階ではまだ一時的・限定的なものでしかなかったのである。

活躍する機会が少ない武人

摂関期の京では日常的治安維持以上の軍事警察力は必要とはされておらず、武人の私的武力の利用も限られたものであった。また、地方においても天慶の乱以降は、平忠常の乱が起きるまで、都から将軍や追討使が派遣されるような大きな兵乱はほとんどなかった。つまり、摂関期の武人は武官となって日常的な軍事警察活動に従事したり、上級貴族に仕えて護衛などの任務にあたったりしていたが、それら以外に活躍する機会は少なかった。そのため、保持する私的武力は小規模のもので十分であった。また、武人の武的性格が表面化せず、一般貴族との違いはほとんどみられなかった。

このように、摂関期の京では大きな軍事警察力は必要とはされていなかったため、院政期はもとより、九世紀と比べても、武人が活躍する機会は限られていた。壮年期の頼信に武的活動がみられないのはこうしたことによるものである。

「兵の家」と家職

摂関期の清和源氏については、「兵《つわもの》の家」を成立させ、武芸を家職（家業）とするようになったとよくいわれる。しかし、先述したように、清和源氏の嫡流である頼光《よりみつ》とその子の頼国《よりくに》・頼家《よりいえ》は武的な活動をほとんど行っていなかった。また、頼親《よりちか》は子の頼成《よりなり》を文章生《もんじょうしょう》にしようとし、頼信の子の頼清《よりきよ》も摂関家に仕えて一般貴族となんら変わりない生活を送っていた。

このように、頼光・頼親・頼信およびその子たちをみると、本当に「兵の家」が成立したのか、武芸を家職とするようになったのかは疑問である。摂関期の清和源氏は、「兵の家」の成立、武芸の家職化というにはまだ未熟で、方向性も定まっていなかった。名実ともに「兵の家」が成立し、武芸を家職とするようになるのは院政期以降のことであろう。したがって、清和源氏は院政期になると武士といえる存在になるが、それはあくまで結果であって、摂関期の段階ではその後武士に成長するかどうかはまだ不明瞭だったのである。

武士の成立

武官・非武官を問わず、武人の私的な武力が政府にとって不可欠なものになるのは次の院政期である。院政期になると大寺社による強訴《ごうそ》が相次ぎ、京の軍事的緊張が高まり、それまでとは異なる大きな中央軍事警察力が必要となる。しかし、弱体化した衛府などの公的武力だけでは対応できず、かなりの部分を武人の私的武力に依存せざるをえなくなる。こうして警備・追捕などでの武人の動員回数が増え、率いる郎等たちの数も多くなる。その結果、日常的にその武的性格が表れ、ケガレ観念の増大もあって、彼らは武士として貴族と区別される存在になる。こうして院政期になると、中央において軍事や武芸を専門業として世襲し、警備や追捕などの国家的軍事警察機能をその私的武力によって中心的に担い、一般貴族と区別される存在である武士が成立するのである。

武人から武士へ

以上、本章では、平安時代の中央における武人の変遷について述べた。これまでは、九世紀の武人と摂関期の武人とは系譜上のつながりがほとんどないこともあって、両者の違いが強調されがちであった。しかし、小規模の私的武力を保持していること、一般貴族との違いがないことなどは両者に共通してみられるものである。もちろん、限定的とはいえ、摂関期になると武人の私的武力が中央の軍事警察力として使われたことは重要だが、九世紀の武人と摂関期の武人とは案外近い存在だったといえよう。

これに対し、院政期の武士は摂関期の武人と系譜的につながるものの、その私的武力が中央軍事警察力として用いられることが大幅に増え、一般貴族と区別される存在になるなどその違いは大きい。清和源氏についていえば、頼信はまだ摂関期の武人であったが、頼義を経て義家に至る間に院政期の武士へと大きく変化するのである。

頼信関係系図

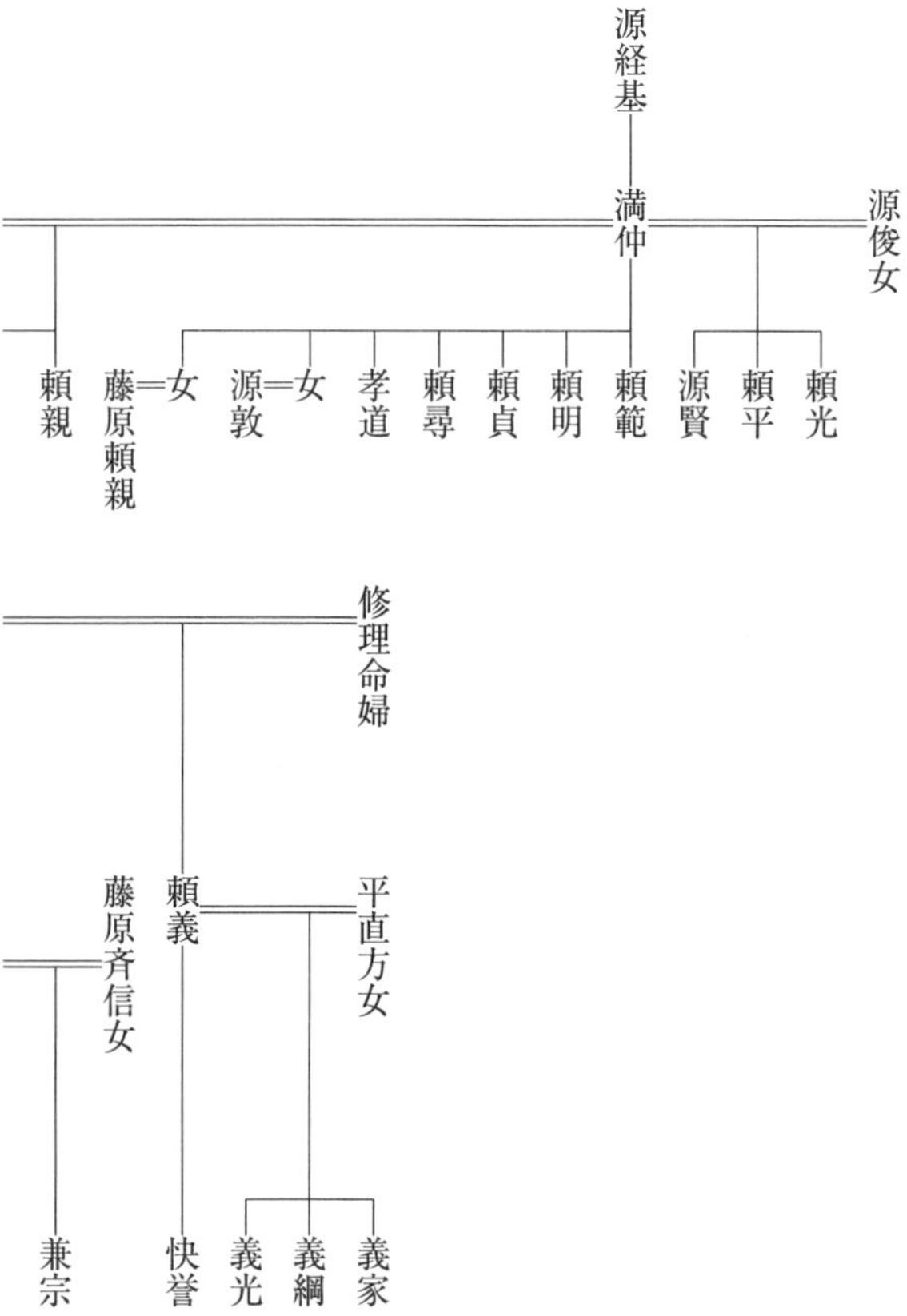
源経基
満仲
源俊女
頼光
頼平
源賢
頼範
頼明
頼貞
頼尋
孝道
女
源敦
女
藤原頼親
頼親
修理命婦
頼義
平直方女
義家
義綱
義光
快誉
藤原斉信女
兼宗

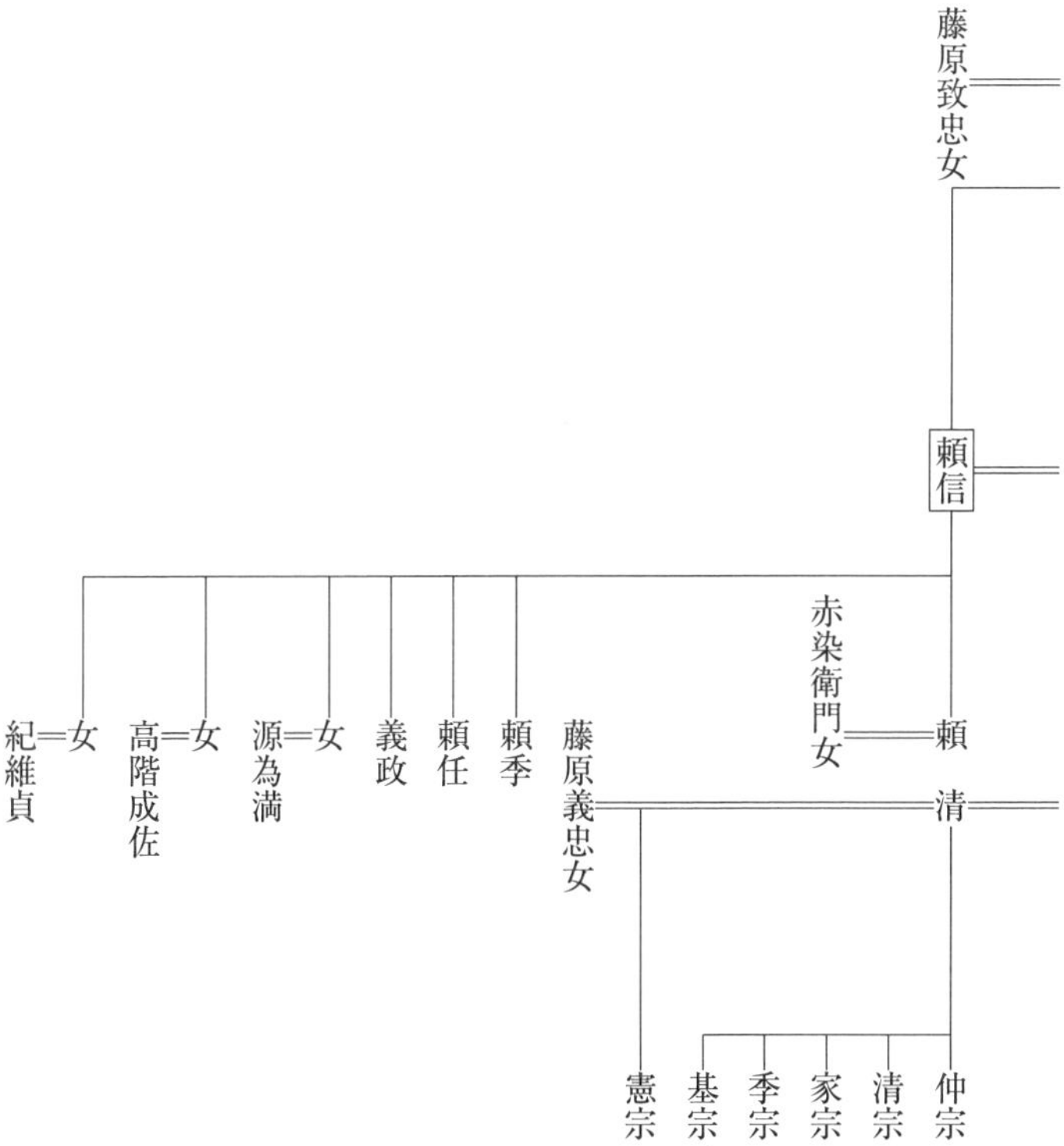
藤原致忠女
頼信
赤染衛門女
頼
清
藤原義忠女
頼季
頼任
義政
女
源為満
女
高階成佐
女
紀維貞
仲宗
清宗
家宗
季宗
基宗
憲宗

清和源氏略系図

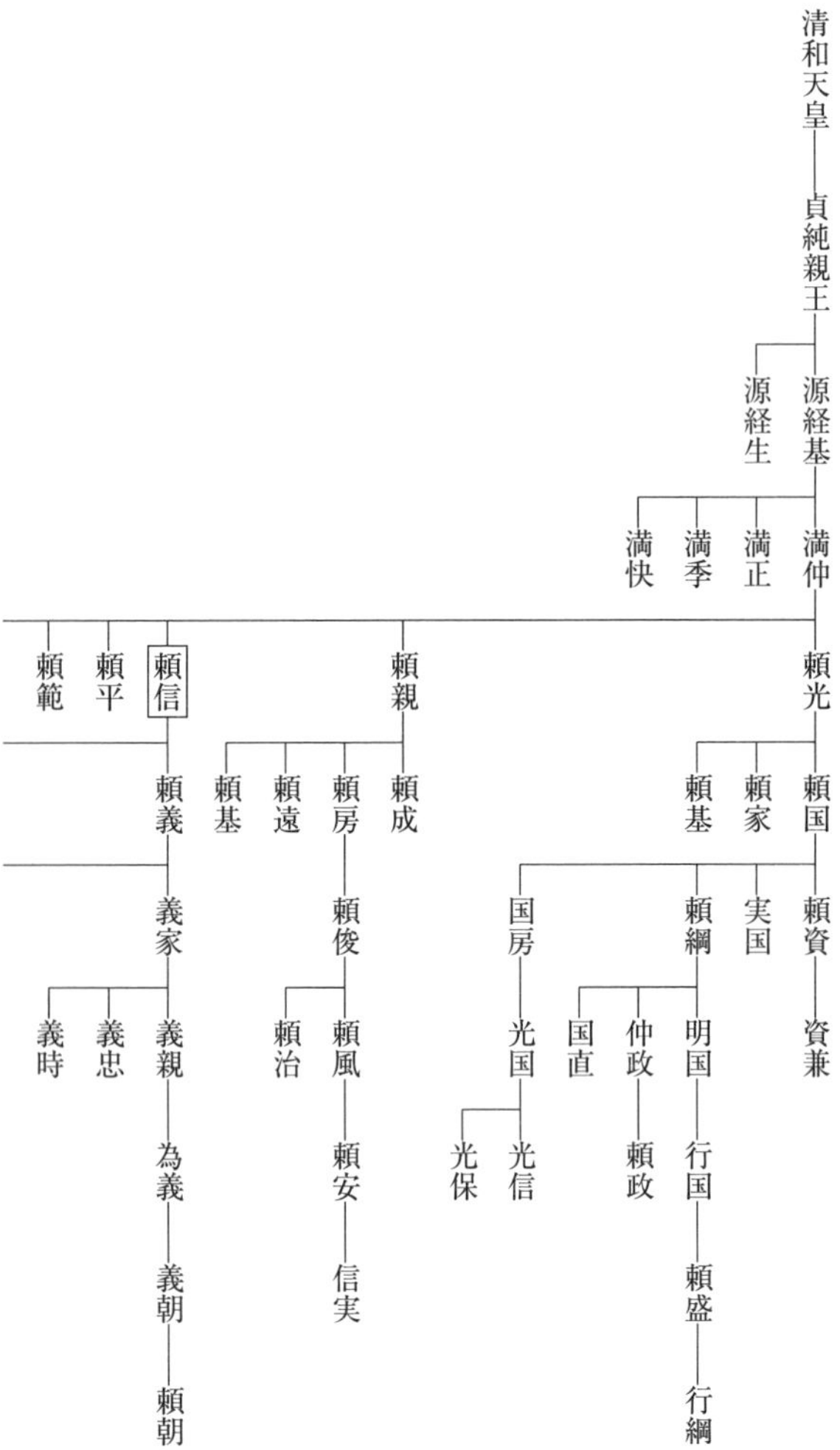

清和天皇
貞純親王
源経基
源経生
満仲
満正
満季
満快
頼光
頼国
頼家
頼基
頼資
実国
頼綱
国房
資兼
明国
仲政
国直
行国
頼政
頼盛
行綱
光国
光信
光保
頼親
頼成
頼房
頼遠
頼基
頼俊
頼風
頼治
頼安
信実
頼信
頼平
頼範
頼義
義家
義親
義忠
義時
為義
義朝
頼朝

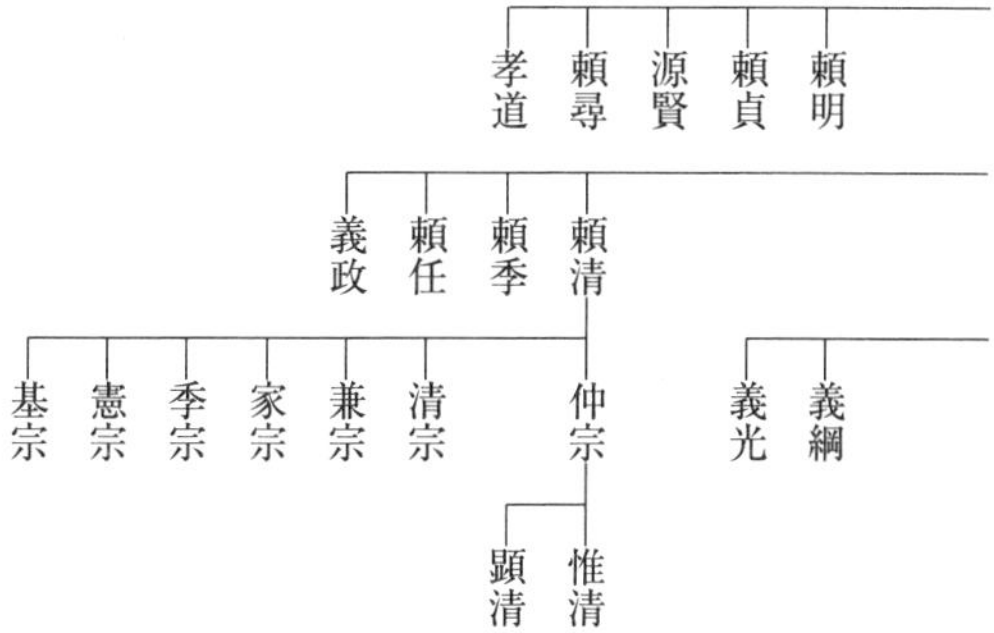
頼明
頼貞
源賢
頼尋
孝道
頼清
頼季
頼任
義政
義綱
義光
仲宗
清宗
兼宗
家宗
季宗
憲宗
基宗
惟清
顕清

桓武平氏略系図

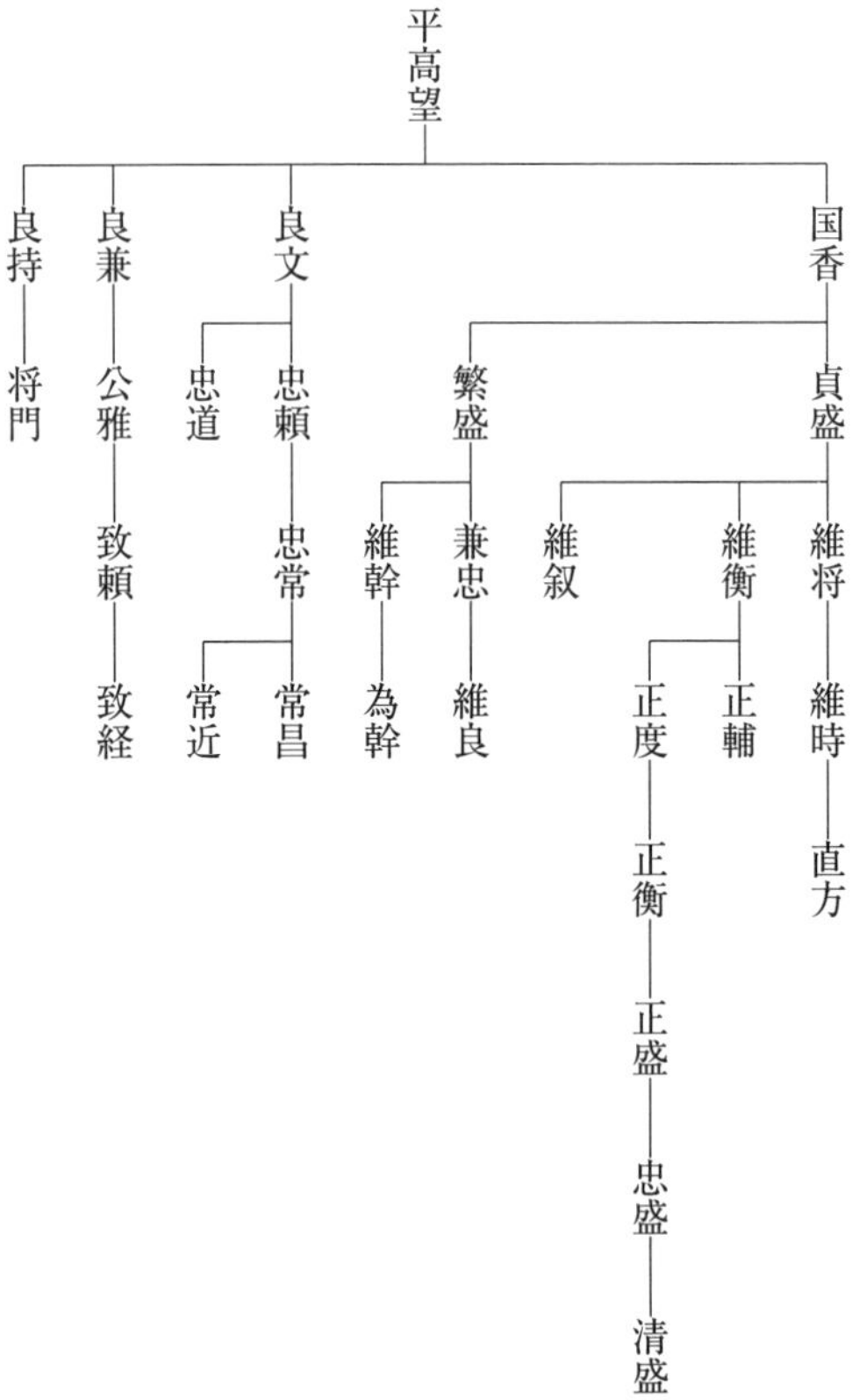
平高望
国香
貞盛
維将
維時
直方
維衡
正輔
正度
正衡
正盛
忠盛
清盛
維叙
繁盛
兼忠
維良
維幹
為幹
良文
忠頼
忠常
常昌
常近
忠道
良兼
公雅
致頼
致経
良持
将門

天皇家略系図（番号は在位順）

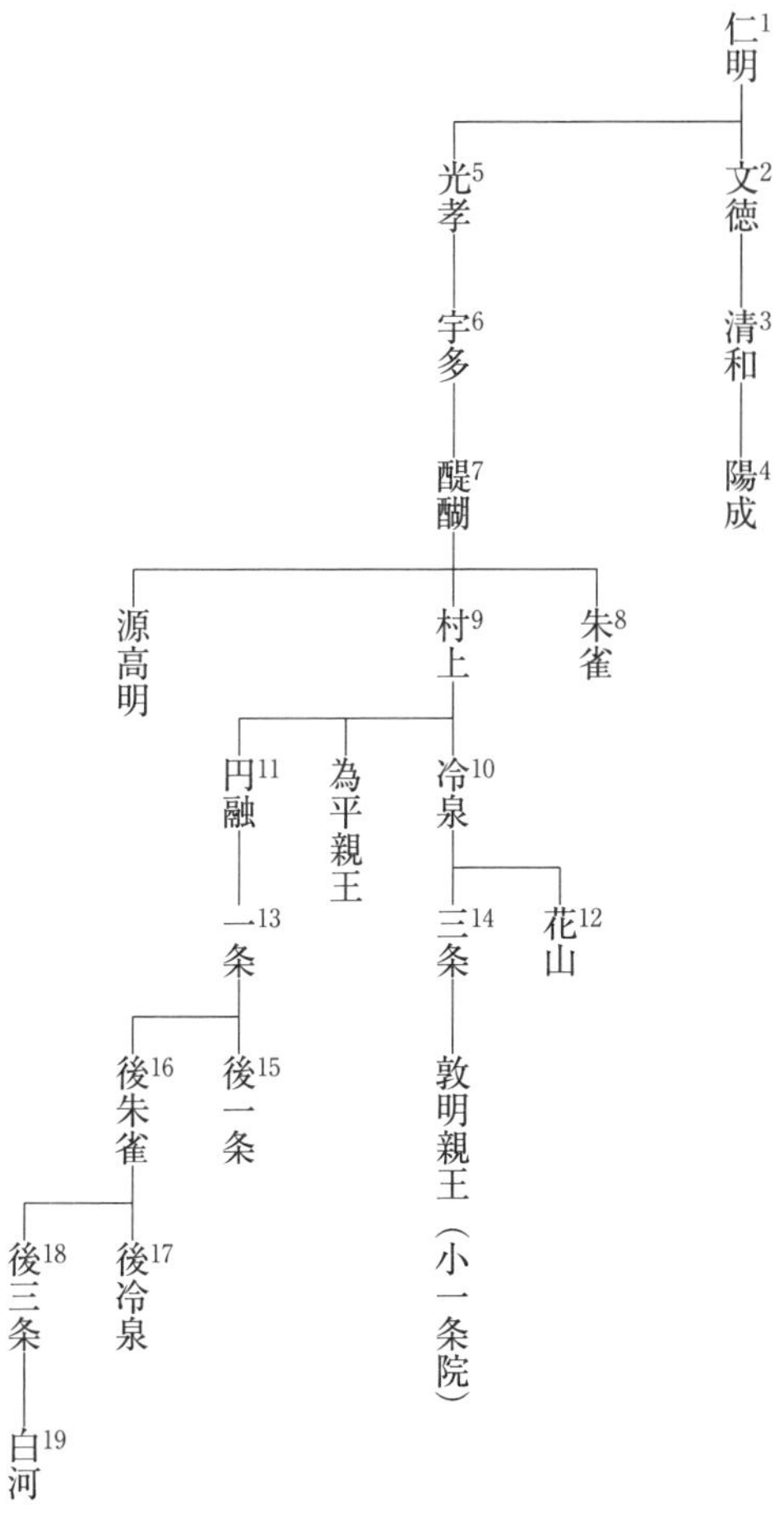

藤原氏略系図

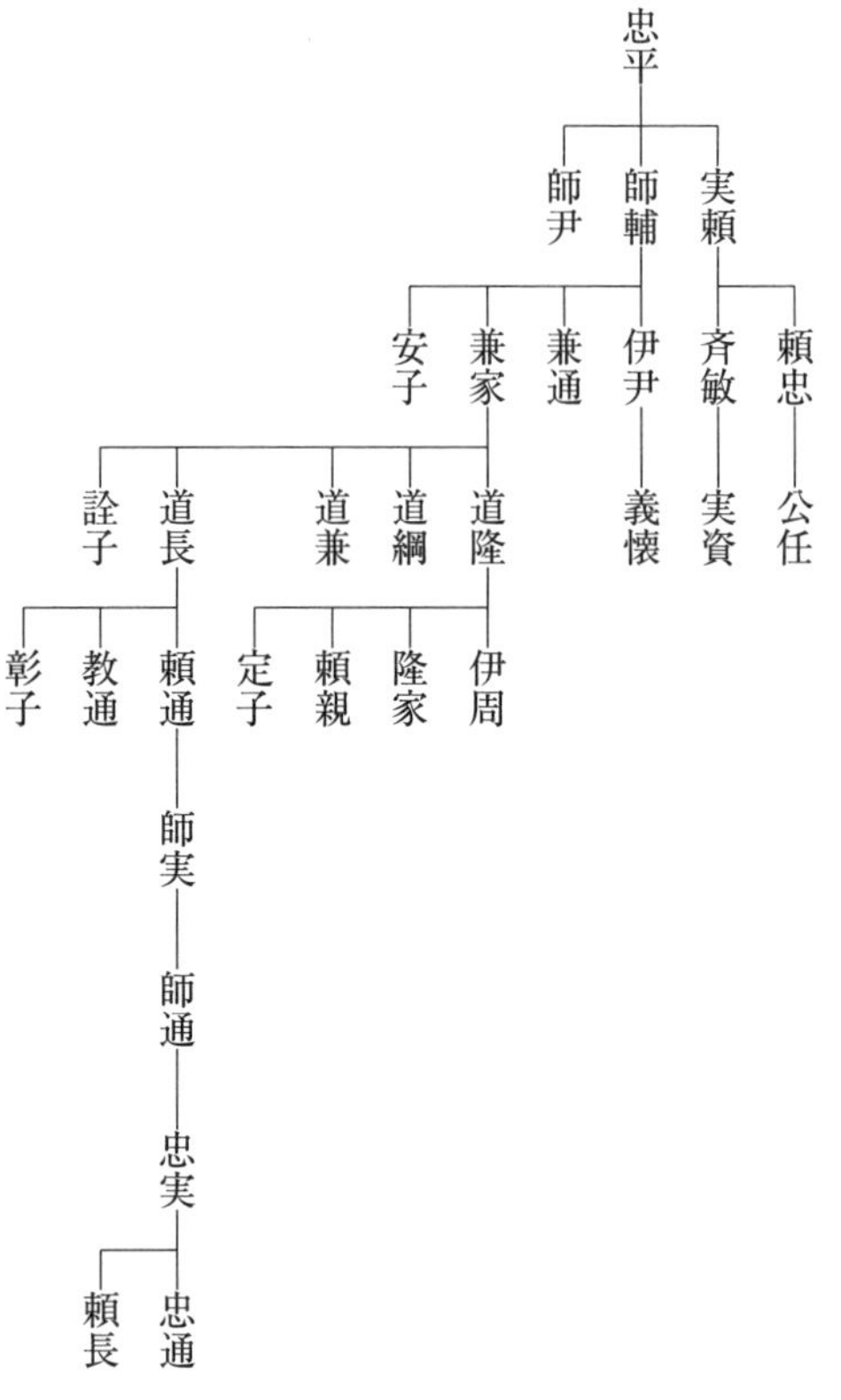

忠平
実頼
師輔
師尹
頼忠
斉敏
伊尹
兼通
兼家
安子
公任
実資
義懐
道隆
道綱
道兼
道長
詮子
伊周
隆家
頼親
定子
頼通
教通
彰子
師実
師通
忠実
忠通
頼長

略年譜

年次	西暦	年齢	事績	参考事項
天慶 二	九三九		三月、経基が将門謀反を告発する○一一月、平将門が常陸国府を襲う	
三	九四〇		正月、経基が征東副将軍になる○二月、将門が討たれる○八月、藤原純友が伊予・讃岐国府を襲う○同月、経基が追捕山陽南海両道凶賊使の次官になる	
四	九四一		六月、純友が討たれる○九月、経基が桑原生行を捕らえる	
九	九四六		一一月、大宰少弐経基が異国船到来を報告する	四月、村上天皇即位
天暦 三	九四九			八月、藤原忠平死去
天徳 四	九六〇		一〇月、将門の子が入京したとの噂により、満仲らに伺い求めさせる	五月、藤原師輔死去
応和 元	九六一		五月、前武蔵権守満仲宅に強盗が入る	
康保 二	九六五		五月、満仲が従五位下とみえる○七月、左馬助満仲が御鷹飼になる	

	四	九六七			一〇月、冷泉天皇即位
安和	元	九六八	一	この年、頼信生誕か	
	二	九六九	二	三月、満仲が源連・橘敏延らの謀反を密告し、正五位下に叙される	三月、安和の変○九月、円融天皇即位○一〇月藤原師尹死去
天禄	元	九七〇	三		五月、藤原実頼死去
	三	九七二	五		一一月、藤原伊尹死去
天延	元	九七三	六	四月、前越前守満仲宅に強盗が入り、放火する	
貞元	二	九七七	一〇		一一月、藤原兼通死去
天元	三	九八〇	一三	閏三月、頼光に召名宣旨が出される	
	五	九八二	一五	この年、満仲が常陸介になり、馬権頭を兼ねる	
永観	元	九八三	一六	三月、満仲が摂津守に遷る	
	二	九八四	一七		一〇月、花山天皇即位
寛和	二	九八六	一九		七月、一条天皇即位
永延	元	九八七	二〇	二月、左兵衛尉頼信が恵心院の造堂料の功により叙爵される○八月、前摂津守満仲が摂津国多田宅で出家する	
	二	九八八	二一	九月、兼家の二条京極第で頼光が馬を牽く○この年、頼義生誕か	
永祚	元	九八九	二二		六月、藤原頼忠死去
正暦	元	九九〇	二三	この年、頼光が備前国受領になる	七月、藤原兼家死去
	二	九九一	二四	正月、頼信と藤原伊周が闘乱か	

	五	九九四	二七	三月、頼信・頼親らが大索に召し出される	
長徳	元	九九五	二八		四月、藤原道隆死去○五月、藤原道兼死去
	二	九九六	二九	四月、頼光・頼親らが内裏の鳥曹司に集められる	四月、藤原伊周・隆家の左遷（長徳の変）
	三	九九七	三〇	この年、頼信が上野介になる○この年、満仲死去か	
長保	元	九九九	三二	九月、上野介頼信が藤原道長と頼通に馬を献じる	
	三	一〇〇一	三四	この年、頼光が美濃守になる	
寛弘	三	一〇〇六	三九	この年、頼親が大和守になる	
	四	一〇〇七	四〇	この年、頼光が但馬守になる○このころまでに頼信が常陸介になる	
	八	一〇一一	四四	二月、帯刀長頼清が春宮殿上人になる○一二月、左近将監頼清が昇殿を許される	一〇月、三条天皇即位
長和	元	一〇一二	四五	閏一〇月、前常陸介頼信が道長に馬を献じる	
	二	一〇一三	四六	この年、頼光が美濃守になる	
	四	一〇一五	四八	この年、頼親が淡路守になる	
	五	一〇一六	四九	正月、頼信が受領功過定を受けるが、交替欠と神社の未修造が問題となる	二月、後一条天皇即位
寛仁	元	一〇一七	五〇	三月、頼親の郎等秦氏元が清原致信を殺す○同月、頼親が右馬頭・淡路守を解任される	八月、敦明親王が皇太子を辞す

年号	年	西暦	年齢	事項	一般事項
	二	一〇一八	五一	六月、伊予守頼光が道長の上東門第の家具調度品一切を献上する	
	三	一〇一九	五二	正月、頼信が受領功過定を受けるが、再び神社未修造が問題となる	
治安	元	一〇二一	五四	七月、摂津守頼光死去	
	二	一〇二二	五五	この年、頼信が伊勢守になる	
万寿	元	一〇二四	五七	一二月、頼信が藤原実資に桑糸を贈る	
	二	一〇二五	五八	正月、伊勢国の百姓が国司善状を申す	
	三	一〇二六	五九	四月、頼清が上東門院判官代になる	
	四	一〇二七	六〇		一二月、藤原道長死去
長元	元	一〇二八	六一	六月、平忠常追討宣旨が出され、平直方と中原成通が追討使になる○八月、書状を持った忠常の使者二人が捕らえられる○同月、平直方と中原成通が京を出発する	
	二	一〇二九	六二	二月、上総介平維時が任国に向かう○一二月、中原成通が追討使を解任される○この年、頼親が二度目の大和守になる	
	三	一〇三〇	六三	正月、頼信が甲斐守になる○三月、忠常が安房国を襲い、安房守藤原光業が印鎰を棄てて上京する○同月、平正輔が安房守になる○五月、忠常が伊志見山に籠もり、随兵が減少しているという解文	

			が届く○六月、武蔵守平致方らから解文が届く○九月、頼信が追討使になる○同月、頼信が実資に糸・紅花を贈る○一一月、平直方が帰京する	
四	一〇三一	六四	正月、頼信が従四位下になる○正月末〜二月初頃、甲斐国調庸使が配流使を殺害する○四月、頼信から忠常降伏の知らせが届く○六月、忠常が上京中に美濃国で死去する○同月、頼信が入京する○七月、頼信が褒賞として丹波守を希望する○同月、頼信が実資に絹・細手作布・紅花・鴨頭草移を贈る○九月、頼信が丹波守から美濃守に希望を変更する○この年、頼清が安芸守になる	
五	一〇三二	六五	二月、頼信が美濃守になる○一一月、頼信が実資に絹・綿を贈る○一二月、頼信が実資に絹・糸を贈る	
九	一〇三六	六九	三月、頼信が美濃国池田郡の名田売買文書に加判する○この年、頼義が相模守になる	七月、後朱雀天皇即位
長久三	一〇四二	七五	このころ、頼清が陸奥守になる	
寛徳元	一〇四四	七七	このころ、頼親が信濃守になる	
二	一〇四五	七八	このころ、頼信が河内守になる	四月、後冷泉天皇即位
永承元	一〇四六	七九	この年、頼親が三度目の大和守になる	
二	一〇四七	八〇	五月、頼親に信濃国の興福寺封戸物の納入が命じ	

				られる	
	三	一〇四八	八一	この年、頼信死去か	
	五	一〇五〇		正月、大和守頼親が土佐国に流罪となる	
	六	一〇五一		この年、頼義が陸奥守となり、前九年合戦が始まる	
康平	六	一〇六三		二月、頼義が伊予守になる	
	七	一〇六四		一〇月、美濃国で頼義・義家と国房が合戦	
治暦	四	一〇六八			七月、後三条天皇即位
延久	四	一〇七二			一二月、白河天皇即位
承保	二	一〇七五		七月、頼義死去	
永保	三	一〇八三		この年、義家が陸奥守となり、後三年合戦が始まる	

参考文献

一　主要史料

『石清水文書』（大日本古文書）　東京大学出版会
『大鏡』（日本古典文学大系）　岩波書店
『公卿補任』（新訂増補国史大系）　吉川弘文館
『古今著聞集』（日本古典文学大系）　岩波書店
『古事談』（新日本古典文学大系）　岩波書店
『権記』（史料纂集）　続群書類従完成会
『今昔物語集』（日本古典文学大系）　岩波書店
『左経記』（増補史料大成）　臨川書店
『十訓抄』（新編日本古典文学全集）　小学館
『春記』（増補史料大成）　臨川書店
『将門記』（日本思想大系『古代政治社会思想』）　岩波書店
『小右記』（大日本古記録）　岩波書店

『政事要略』（新訂増補国史大系） 吉川弘文館
『尊卑分脈』（新訂増補国史大系） 吉川弘文館
『中外抄』（新日本古典文学大系） 岩波書店
『貞信公記』（大日本古記録） 岩波書店
『日本紀略』（新訂増補国史大系） 吉川弘文館
『扶桑略記』（新訂増補国史大系） 吉川弘文館
『平安遺文』 東京堂出版
『本朝世紀』（新訂増補国史大系） 吉川弘文館
『御堂関白記』（大日本古記録） 岩波書店
『陸奥話記』（新編日本古典文学全集） 小学館

二　主要著書・論文

赤坂恒明「世ノ所謂清和源氏ハ陽成源氏ニ非サル考―源朝臣経基の出自をめぐって―」（『聖学院大学総合研究所紀要』二五） 二〇〇二年
足利健亮・金田章裕・田島公「美濃国池田郡の条里―「池田郡司五百木部惟茂解」の紹介と検討を中心に―」（『史林』七〇―三） 一九八七年
磯貝正義編『図説　山梨県の歴史』 河出書房新社 一九九〇年

朧谷寿『源頼光』（人物叢書）吉川弘文館 一九六八年
朧谷寿「大和守源頼親伝」（『古代学』一七―二） 一九七〇年
朧谷寿『清和源氏』教育社 一九八四年
加瀬文雄「藤原道長をめぐる馬と牛」（佐伯有清先生古稀記念会編『日本古代の社会と政治』）吉川弘文館 一九九五年
川尻秋生「古代東国における交通の特質―東海道・東山道利用の実態―」（『古代交通研究』一一） 二〇〇一年
河音能平「中世前期北摂武士団の動向」（『中世封建社会の首都と農村』）東京大学出版会 一九八四年
米谷豊之祐「武士団の成長と乳母」（『大阪城南女子短期大学研究紀要』七） 一九七二年
米谷豊之祐「瀧口武者考」（『院政期軍事・警察史拾遺』）近代文芸社 一九九三年
佐々木虔一「『更級日記』時代の東国の交通事情」（和田律子・福家俊幸編『更級日記上洛の記千年―東国からの視座―』）武蔵野書院 二〇二〇年
笹山晴生『古代国家と軍隊』中央公論社 一九七五年
春秋会『源兼澄集全釈』風間書房 一九九一年
庄司浩「平忠常の乱について」（『軍事史学』八―四） 一九七三年
庄司浩「平忠常の乱と検非違使派遣について」（『軍事史学』二二―三） 一九八六年

鈴鹿市考古博物館編　『史跡　伊勢国府跡』　鈴鹿市考古博物館　二〇一四年
関根慶子ほか　『赤染衛門集全釈』　風間書房　一九八六年
高井佳弘　「上野国府跡」（須田勉・阿久津久編『古代東国の考古学1　東国の古代官衙』）　高志書院　二〇一三年
高橋昌明　『清盛以前―伊勢平氏の興隆―』　平凡社　一九八四年
高橋昌明　『武士の成立　武士像の創出』　東京大学出版会　一九九九年
高橋昌明　「利仁将軍とその「子孫」」（『東アジア武人政権の比較史的研究』）　校倉書房　二〇一六年
高橋昌明　『武士の日本史』　岩波書店　二〇一八年
高橋康夫　「桃園・世尊寺」（朧谷寿ほか編『平安京の邸第』）　望稜舎　一九八七年
竹内はる恵ほか　『相模集全釈』　風間書房　一九九一年
竹鼻績　『実方集注釈』　貴重本刊行会　一九九三年
田島公　「「美濃国池田郡の条里」追考―「安八磨（安八）」郡名の由来と「紀（池田）氏系図」所引美濃国池田郡関係史料の検討―」（足利健亮先生追悼論文集編纂委員会編『地図と歴史空間―足利健亮先生追悼論文集―』）　大明堂書店　二〇〇〇年
寺内浩　『受領制の研究』　塙書房　二〇〇四年

寺内浩『平安時代の地方軍制と天慶の乱』　塙書房　二〇一七年
寺内浩『藤原純友―南海賊徒の首、伊予国日振島に屯聚す―』　ミネルヴァ書房　二〇二二年
寺内浩「摂関期の武人と貴族」（倉本一宏編『貴族とは何か、武士とは何か』）　思文閣出版　二〇二四年
中込律子「摂関家と馬」（『平安時代の税財政構造と受領』）　校倉書房　二〇一三年
野口実「平忠常の乱の経過について―追討の私戦的側面―」（『坂東武士団の成立と発展』）　弘生書林　一九八二年
野口実「摂関時代の滝口」（福田豊彦編『中世の社会と武力』）　吉川弘文館　一九九四年
羽曳野市史編纂委員会編『羽曳野市史　第一巻本文編一』　羽曳野市　一九九七年
平野修「甲斐国府跡」（須田勉・阿久津久編『古代東国の考古学1　東国の古代官衙』）　高志書院　二〇一三年
福井県編『福井県史　通史編一　原始・古代』　福井県　一九九三年
藤田佳希「源経基の出自と「源頼信告文」」（『日本歴史』八〇五）　二〇一五年
平安文学輪読会『長能集注釈』　塙書房　一九八九年
星野恒「世ノ所謂清和源氏ハ陽成源氏ナル考」（『史学叢説　第二集』）　富山房　一九〇九年
前田禎彦「検非違使庁の〈政〉―その内容と沿革―」（『富山国際大学紀要』七）　一九九七年

増淵勝一　「源頼家伝考㈠㈡—和歌六人党の成立をめぐって—」（『立正女子大学短期大学部研究紀要』一六・一八）　一九七二・七四年
箕輪健一　「常陸国府跡—国府の成立と展開—」（須田勉・阿久津久編『古代東国の考古学1　東国の古代官衙』）　高志書院　二〇一三年
宮崎康充　『国司補任』三・四　続群書類従完成会　一九九〇年
元木泰雄　「摂津源氏一門—軍事貴族の性格と展開—」（『史林』六七—六）　一九八四年
元木泰雄　『武士の成立』　吉川弘文館　一九九四年
元木泰雄　『源満仲・頼光—殺生放逸　朝家の守護—』　ミネルヴァ書房　二〇〇四年
元木泰雄　『河内源氏—頼朝を生んだ武士本流—』　中央公論新社　二〇一一年
元木泰雄　「頼義と頼清—河内源氏の分岐点—」（『立命館文学』六二四）　二〇一二年
元木泰雄　『源頼義』（人物叢書）　吉川弘文館　二〇一七年
森公章　『古代豪族と武士の誕生』　吉川弘文館　二〇一三年
森公章　「源頼信と河内源氏の展開過程」（『東洋大学文学部紀要　史学科篇』三九）　二〇一三年
森公章　「源頼親と大和源氏の生成」（『東洋大学文学部紀要　史学科篇』四三）　二〇一七年
森公章　「前九年・後三年合戦と武力—河内源氏と地域権力の諸相—」（『東洋大学文学部紀要　史学科篇』四七）　二〇二二年
森公章　『武者から武士へ—兵乱が生んだ新社会集団—』　吉川弘文館　二〇二二年

安田元久「源満仲とその説話について」（日本歴史学会編『歴史と人物』）　吉川弘文館　一九六四年
安田元久「清和源氏か陽成源氏か」（『武士世界の序幕』）　吉川弘文館　一九七三年
安田元久「「六孫王経基」雑考」（『日本歴史』五〇〇）　一九九〇年
山口英男『日本古代の地域社会と行政機構』　吉川弘文館　二〇一九年
山梨県編『山梨県史　通史編一　原始・古代』　山梨県　二〇〇四年
横澤大典「源頼信―河内源氏の成立―」（元木泰雄編『古代の人物六　王朝の変容と武者』）　清文堂出版　二〇〇五年
吉川敏子「河内国坂門牧の史料学的研究」（『文化財学報』三五）　二〇一七年
渡辺滋「請人・口入人の持つ力―地方有力者が任用国司の地位を獲得する過程から―」（井原今朝男編『生活と文化の歴史学三　富裕と貧困』）　竹林舎　二〇一三年
渡辺滋「日本古代の国司制度に関する再検討―平安中後期における任用国司を中心に―」（『古代文化』六五―四）　二〇一四年

著者略歴

一九五五年　大阪府生まれ
一九八四年　京都大学大学院文学研究科博士課程研究指導認定退学
現在　愛媛大学名誉教授・博士（文学）

主要著書
『受領制の研究』（塙書房、二〇〇四年）
『平安時代の地方軍制と天慶の乱』（塙書房、二〇一七年）
『藤原純友』（ミネルヴァ書房、二〇二二年）

人物叢書　新装版

源頼信

二〇二五年（令和七）二月十日　第一版第一刷発行

著　者　寺《てら》内《うち》浩《ひろし》
編集者　日本歴史学会
代表者　藤田覚
発行者　吉川道郎
発行所　株式会社　吉川弘文館
東京都文京区本郷七丁目二番八号
郵便番号一一三—〇〇三三
電話〇三—三八一三—九一五一〈代表〉
振替口座〇〇一〇〇—五—二四四
https://www.yoshikawa-k.co.jp/
印刷＝株式会社　平文社
製本＝ナショナル製本協同組合

ISBN978-4-642-05319-8

『人物叢書』（新装版）刊行のことば

人物叢書は、個人が埋没された歴史書が盛行した時代に、「歴史を動かすものは人間である。個人の伝記が明らかにされないで、歴史の叙述は完全であり得ない」という信念のもとに、専門学者に執筆を依頼し、日本歴史学会が編集し、吉川弘文館が刊行した一大伝記集である。

幸いに読書界の支持を得て、百冊刊行の折には菊池寛賞を授けられる栄誉に浴した。

しかし発行以来すでに四半世紀を経過し、長期品切れ本が増加し、読書界の要望にそい得ない状態にもなったので、この際既刊本の体裁を一新して再編成し、定期的に配本できるような方策をとることにした。既刊本は一八四冊であるが、まだ未刊である重要人物の伝記についても鋭意刊行を進める方針であり、その体裁も新形式をとることとした。

こうして刊行当初の精神に思いを致し、人物叢書を蘇らせようとするのが、今回の企図である。大方のご支援を得ることができれば幸せである。

昭和六十年五月

日本歴史学会

代表者　坂本太郎

日本歴史学会編集

人物叢書〈新装版〉

▽没年順に配列　▽一、四〇〇円～三、五〇〇円（税別）
▽書目の一部は電子書籍、オンデマンド版もございます。詳しくは出版図書目録、または小社ホームページをご覧ください。

日本武尊　上田正昭著
継体天皇　篠川　賢著
聖徳太子　坂本太郎著
秦河勝　井上満郎著
蘇我蝦夷・入鹿　門脇禎二著
天智天皇　森　公章著
額田王　直木孝次郎著
持統天皇　直木孝次郎著
柿本人麻呂　多田一臣著
藤原不比等　高島正人著
長屋王　寺崎保広著
大伴旅人　鉄野昌弘著
県犬養橘三千代　義江明子著
山上憶良　稲岡耕二著
藤原広嗣　北　啓太著
道慈　曾根正人著
行基　井上　薫著
橘諸兄　中村順昭著
光明皇后　林　陸朗著
鑑真　安藤更生著
藤原仲麻呂　岸　俊男著
阿倍仲麻呂　森　公章著
道鏡　横田健一著
吉備真備　宮田俊彦著
早良親王　西本昌弘著
佐伯今毛人　角田文衛著

和気清麻呂　平野邦雄著
桓武天皇　村尾次郎著
坂上田村麻呂　高橋　崇著
最澄　田村晃祐著
平城天皇　春名宏昭著
藤原冬嗣　虎尾達哉著
仁明天皇　遠藤慶太著
橘嘉智子　勝浦令子著
円仁　佐伯有清著
伴善男　佐伯有清著
清和天皇　神谷正昌著
円珍　佐伯有清著
菅原道真　坂本太郎著
聖宝　佐伯有清著
三善清行　所　功著
藤原純友　松原弘宣著
紀貫之　目崎徳衛著
小野道風　山本信吉著
良源　平林盛得著
藤原佐理　春名好重著
紫式部　今井源衛著
慶滋保胤　小原　仁著
一条天皇　倉本一宏著
大江匡衡　後藤昭雄著
源信　速水　侑著
源頼光　朧谷　寿著

藤原道長　山中　裕著
藤原行成　黒板伸夫著
源頼信　寺内　浩著
藤原彰子　服藤早苗著
源頼義　元木泰雄著
成尋　水口幹記著
清少納言　岸上慎二著
和泉式部　山中　裕著
源義家　安田元久著
大江匡房　川口久雄著
奥州藤原氏四代　高橋富雄著
藤原頼長　橋本義彦著
藤原忠実　元木泰雄著
源頼政　多賀宗隼著
平清盛　五味文彦著
源義経　渡辺　保著
西行　目崎徳衛著
後白河上皇　安田元久著
千葉常胤　福田豊彦著
源通親　橋本義彦著
文覚　山田昭全著
藤原俊成　久保田淳著
畠山重忠　貫　達人著
法然　田村圓澄著
栄西　多賀宗隼著
北条義時　安田元久著

大江広元　上杉和彦著
北条政子　渡辺　保著
慈円　多賀宗隼著
明恵　田中久夫著
三浦義村　高橋秀樹著
藤原定家　村山修一著
北条泰時　上横手雅敬著
道元　竹内道雄著
北条重時　森　幸夫著
親鸞　赤松俊秀著
北条時頼　高橋慎一朗著
日蓮　大野達之助著
阿仏尼　田渕句美子著
北条時宗　川添昭二著
一遍　大橋俊雄著
叡尊・忍性　和島芳男著
京極為兼　井上宗雄著
金沢貞顕　永井　晋著
菊池氏三代　杉本尚雄著
新田義貞　峰岸純夫著
花園天皇　岩橋小弥太著
赤松円心・満祐　高坂　好著
卜部兼好　冨倉徳次郎著
覚如　重松明久著
足利直冬　瀬野精一郎著
佐々木導誉　森　茂暁著
二条良基　小川剛生著
細川頼之　小川　信著

足利義満　臼井信義著
今川了俊　川添昭二著
足利義持　伊藤喜良著
世阿弥　今泉淑夫著
上杉憲実　田辺久子著
山名宗全　川岡　勉著
経覚　酒井紀美著
一条兼良　永島福太郎著
亀泉集証　今泉淑夫著
蓮如　笠原一男著
宗祇　奥田　勲著
尋尊　安田次郎著
万里集九　中川徳之助著
三条西実隆　芳賀幸四郎著
大内義隆　福尾猛市郎著
ザヴィエル　吉田小五郎著
三好長慶　長江正一著
今川義元　有光友學著
武田信玄　奥野高広著
朝倉義景　水藤　真著
浅井氏三代　宮島敬一著
里見義堯　滝川恒昭著
上杉謙信　山田邦明著
織田信長　池上裕子著
明智光秀　高柳光寿著
大友宗麟　外山幹夫著
千利休　芳賀幸四郎著
松井友閑　竹本千鶴著

豊臣秀次　藤田恒春著
ルイス・フロイス　五野井隆史著
足利義昭　奥野高広著
前田利家　岩沢愿彦著
長宗我部元親　山本　大著
安国寺恵瓊　河合正治著
石田三成　今井林太郎著
黒田孝高　中野　等著
真田昌幸　柴辻俊六著
最上義光　伊藤清郎著
前田利長　見瀬和雄著
高山右近　海老沢有道著
島井宗室　田中健夫著
淀君　桑田忠親著
片桐且元　曽根勇二著
徳川家康　藤井譲治著
藤原惺窩　太田青丘著
支倉常長　五野井隆史著
高台院　福田千鶴著
徳川秀忠　山本博文著
伊達政宗　小林清治著
天草時貞　岡田章雄著
立花宗茂　中野　等著
宮本武蔵　大倉隆二著
小堀遠州　森　蘊著
徳川家光　藤井譲治著
由比正雪　進士慶幹著
佐倉惣五郎　児玉幸多著

林羅山　堀勇雄著
松平信綱　大野瑞男著
国姓爺　石原道博著
野中兼山　横川末吉著
保科正之　小池進著
隠元　平久保章著
徳川和子　久保貴子著
酒井忠清　福田千鶴著
朱舜水　石原道博著
池田光政　谷口澄夫著
山鹿素行　堀勇雄著
井原西鶴　森銑三著
松尾芭蕉　阿部喜三男著
三井高利　中田易直著
河村瑞賢　古田良一著
徳川光圀　鈴木暎一著
契沖　久松潜一著
市川団十郎　西山松之助著
伊藤仁斎　石田一良著
徳川綱吉　塚本学著
貝原益軒　井上忠著
前田綱紀　若林喜三郎著
近松門左衛門　河竹繁俊著
新井白石　宮崎道生著
鴻池善右衛門　宮本又次著
石田梅岩　柴田実著
太宰春台　武部善人著
徳川吉宗　辻達也著

大岡忠相　大石学著
賀茂真淵　三枝康高著
平賀源内　城福勇著
与謝蕪村　田中善信著
三浦梅園　田口正治著
毛利重就　小川國治著
本居宣長　城福勇著
志筑忠雄　大島明秀著
山村才助　鮎沢信太郎著
木内石亭　斎藤忠著
小石元俊　山本四郎著
山東京伝　小池藤五郎著
杉田玄白　片桐一男著
塙保己一　太田善麿著
上杉鷹山　横山昭男著
大田南畝　浜田義一郎著
只野真葛　関民子著
小林一茶　小林計一郎著
大黒屋光太夫　亀井高孝著
松平定信　高澤憲治著
菅江真澄　菊池勇夫著
鶴屋南北　古井戸秀夫著
島津重豪　芳即正著
狩谷棭斎　梅谷文夫著
最上徳内　島谷良吉著
遠山景晋　藤田覚著
渡辺崋山　佐藤昌介著
柳亭種彦　伊狩章著

香川景樹　兼清正徳著
平田篤胤　田原嗣郎著
間宮林蔵　洞富雄著
滝沢馬琴　麻生磯次著
調所広郷　芳即正著
橘守部　鈴木暎一著
黒住宗忠　原敬吾著
水野忠邦　北島正元著
帆足万里　帆足図南次著
江川坦庵　仲田正之著
藤田東湖　鈴木暎一著
二宮尊徳　大藤修著
広瀬淡窓　井上義巳著
大原幽学　中井信彦著
島津斉彬　芳即正著
月照　友松圓諦著
橋本左内　山口宗之著
井伊直弼　吉田常吉著
吉田東洋　平尾道雄著
緒方洪庵　梅溪昇著
佐久間象山　大平喜間多著
真木和泉　山口宗之著
高島秋帆　有馬成甫著
シーボルト　板沢武雄著
高杉晋作　梅溪昇著
川路聖謨　川田貞夫著
横井小楠　圭室諦成著
小松帯刀　高村直助著

山内容堂　平尾道雄著
江藤新平　杉谷昭著
和宮　武部敏夫著
西郷隆盛　田中惣五郎著
ハリス　坂田精一著
森有礼　犬塚孝明著
松平春嶽　川端太平著
中村敬宇　高橋昌郎著
河竹黙阿弥　河竹繁俊著
寺島宗則　犬塚孝明著
樋口一葉　塩田良平著
ジョセフ＝ヒコ　近盛晴嘉著
勝海舟　石井孝著
臥雲辰致　村瀬正章著
黒田清隆　井黒弥太郎著
伊藤圭介　杉本勲著
福沢諭吉　会田倉吉著
星亨　中村菊男著
中江兆民　飛鳥井雅道著
西村茂樹　高橋昌郎著
正岡子規　久保田正文著
清沢満之　吉田久一著
滝廉太郎　小長久子著
副島種臣　安岡昭男著
田口卯吉　田口親著
福地桜痴　柳田泉著
陸羯南　有山輝雄著
児島惟謙　田畑忍著
荒井郁之助　原田朗著
幸徳秋水　西尾陽太郎著
ヘボン　高谷道男著
石川啄木　岩城之徳著
乃木希典　松下芳男著
岡倉天心　斎藤隆三著
桂太郎　宇野俊一著
徳川慶喜　家近良樹著
加藤弘之　田畑忍著
山路愛山　坂本多加雄著
伊沢修二　上沼八郎著
秋山真之　田中宏巳著
前島密　山口修著
成瀬仁蔵　中嶌邦著
前田正名　祖田修著
大隈重信　中村尚美著
山県有朋　藤村道生著
大井憲太郎　平野義太郎著
加藤友三郎　西尾林太郎著
河野広中　長井純市著
富岡鉄斎　小高根太郎著
大正天皇　古川隆久著
津田梅子　山崎孝子著
豊田佐吉　楫西光速著
渋沢栄一　土屋喬雄著
有馬四郎助　三吉明著
武藤山治　入交好脩著
坪内逍遙　大村弘毅著
山室軍平　三吉明著
阪谷芳郎　西尾林太郎著
南方熊楠　笠井清著
山本五十六　田中宏巳著
中野正剛　猪俣敬太郎著
三宅雪嶺　中野目徹著
近衛文麿　古川隆久著
河上肇　住谷悦治著
牧野伸顕　茶谷誠一著
幣原喜重郎　種稲秀司著
御木本幸吉　大林日出雄著
尾崎行雄　伊佐秀雄著
緒方竹虎　栗田直樹著
中田薫　北康宏著
石橋湛山　姜克實著
八木秀次　沢井実著
森戸辰男　小池聖一著

▽以下続刊